QUIÉRETE MUCHO

30 días

para aprender a quererte

Daniel J. Martin

*«Ámate a ti mismo primero y todo lo demás llegará
por sí solo.»*

— Lucille Ball

ÍNDICE

¡DESCARGA EL AUDIOLIBRO GRATIS!

*Si prefieres disfrutar este libro mientras, conduces, caminas o haces deporte... **¡Descarga la versión en audio completamente GRATIS!***

www.danieljmartin.es/audio/qm

INTRODUCCIÓN

El método «Quiérete mucho»

Todos hemos oído hablar de lo importante que es quererse a uno mismo. Y de que una sana autoestima puede marcar la diferencia entre ser una persona feliz y con éxito y no serlo.

Sin embargo, a la hora de pasar a la acción, la mayoría de los métodos y las técnicas para aumentar la autoestima fallan estrepitosamente. Mucha gente que decide trabajar en su autovalía —con el esfuerzo mental y emocional que ello supone—, termina arrastrando los mismos problemas año tras año sin ver apenas mejoras. La triste realidad es que muchas personas dedicarán toda su vida a luchar para sentirse mejor con ellas mismas sin conseguirlo.

¿Por qué pasa eso?

Sencillamente, porque es una cuestión de método. Si el método falla, da igual lo bien que lo ejecutemos.

La autoestima, como concepto, no es ningún misterio, al contrario: es relativamente fácil de explicar y de entender. Sin embargo, su práctica no se aborda de forma correcta. Un buen método debería, en primer lugar, transmitir el conocimiento adecuado sobre cómo funciona la autoestima en una persona adulta, para después, poder identificar todos aquellos puntos en los que alguien, sin saber cómo –o sabiéndolo–, un día deja de confiar en sí mismo, pasa de creer que es válido a creer que es un fraude, o piensa que merece desprecio en lugar de amor.

¿Te sientes identificado? ¿Sientes que mereces más (más respeto, más autoconfianza, más reconocimiento, más amor), y no sabes de dónde sacarlo? ¿Crees que tu ocupación actual está por debajo de tus capacidades? ¿Sufres estrés o ansiedad? ¿Te parece injusto que alguien con menos virtudes que tú consiga más y sea más feliz? ¿Te cuesta poner límites a la gente? ¿Y pedir ayuda cuando la necesitas? ¿Te tratas mal continuamente y sin motivo? ¿Te cuesta aceptarte y quererte?

Las respuestas afirmativas a estas preguntas sin duda son síntoma de una baja autoestima. La mala noticia es que el amor por uno mismo no emerge de un día para otro y sin motivo; la buena noticia es que, si se trabaja **de forma correcta**, el amor propio crece, se retroalimenta e inunda con su luz el resto de facetas de nuestra vida.

Podemos construir una buena autoestima a cualquier edad y en cualquier circunstancia, pero no es fácil cambiar las dinámicas y creencias con las que llevamos tanto tiempo funcionando. De ahí la importancia de un buen método.

El método «Quiérete mucho»

Lo que expongo en este libro, mi método probado para aumentar la autoestima en 30 días, no es solo «mi opinión»: **es ciencia**. Este libro se basa en los conocimientos y estudios de la psicología, una ciencia que se fundamenta en datos, en la observación de la realidad, en hipótesis y en resultados contrastados. Por eso, y porque ha dado resultados extraordinarios en cientos de mis pacientes, sé que el método que te propongo funciona.

Si has leído hasta aquí no te detengas ahora: **solo necesitas 30 días y las ganas de ver tus deseos y objetivos cumplidos**.

¿Por qué 30 días?

He planteado este libro como una lectura de 30 días seguidos porque lo entiendo como un *bootcamp*, es decir, un entrenamiento intensivo de 30 jornadas consecutivas[1]. Cada día abordo un aspecto relacionado con la autoestima, o la falta de ella, y propongo un ejercicio final para poner en práctica e interiorizar lo todo lo aprendido. El periodo de 30 días es el adecuado para hacer una inmersión completa, asimilar los conceptos y realizar el aprendizaje correspondiente.

Importante: La autoestima es un músculo, y como el resto de músculos, no crece a base de leer muchos libros o teoría, sino poniéndolo a trabajar. Vas a necesitar ejercitarlo.

Yo no soy tu animador ni tu taza de desayuno con frases motivacionales. Soy tu experto en crecimiento personal y mi trabajo es enseñarte a mejorar tu calidad de vida. Y eso no se consigue con un simple «tú puedes» o «tú vales mucho». Si tú estás dispuesto a dar este paso conmigo, yo

---

1 Por supuesto, tú puedes seguir el orden que quieras, leer el libro en un día, tardar dos meses o empezar por el final. Pero yo propongo esta estructura porque 30 días es el periodo de tiempo óptimo para asimilar los conceptos y poder completar los ejercicios que te presento.

estaré a tu lado para guiarte a lo largo de todo el camino, pero tú tienes que poner de tu parte y hacer "tus deberes". Debes prepararte para cuestionarte creencias, cambiar dinámicas y tomar decisiones que no van a gustar a todo el mundo. No es fácil, pero te aseguro que merecerá la pena.

Imagínate alcanzando los objetivos con los que siempre has soñado. Imagínate sintiéndote en paz con lo que eres, pase lo que pase. Imagínate despertando cada día sintiéndote confiado y lleno de energía, experimentando la felicidad y la alegría en cada momento de tu vida, ...

¡Deja de imaginar!

Da el primer paso y sumérgete en esta apasionante lectura. Porque en 30 días tu vida puede cambiar para siempre.

Daniel

Qué entendemos por amor por uno mismo

Eres el protagonista de la mayor historia de amor que vivirás jamás. ¿Y sabes con quién la vas a vivir? ¡Exacto! Contigo mismo.

Puede que esto te suene excesivamente romántico, pero lo cierto es que vas a vivir una historia de amor contigo mismo, te guste o no. De ti depende que esa historia de amor sea auténtica o fingida, intensa o superficial. Porque, como todas las historias de amor, va a traer golpes duros: momentos de miedo, de impotencia, de tristeza, de soledad. No permitas que ninguno de esos golpes apague la llama de tu amor. Al contrario, ama tu vida y tu historia hasta el final, por encima de todo y, especialmente, cuando no te sientas digno de tu propio amor.

«El amor propio es el comienzo de un romance de por vida.»

— Oscar Wilde

A día de hoy, todo el mundo sabe que la autoestima es imprescindible para una vida plena y exitosa. Sin embargo, el hecho de saberlo no mejora la vida de la mayoría de la gente, al contrario: ser conscientes de que deben aumentar su autoestima y comprobar que van pasando los años sin conseguirlo las frustra y desanima todavía más.

Como decía en la introducción, muchas veces hay un problema de método. Con demasiada frecuencia, los problemas de autoestima se abordan de forma superficial y se van sobrellevando con «parches» y técnicas que alivian temporalmente el malestar, pero que no se llega al fondo de la cuestión.

Por mi profesión hablo con muchas personas que parecen sufrir por unos problemas concretos (los clásicos «no me gusta mi trabajo», «mi pareja siempre parece decepcionada conmigo», «tengo ansiedad»), pero que, al profundizar un poco, desvelan un problema general más grave: la falta de amor por ellas mismas.

¿Y qué es exactamente el amor por uno mismo?

El amor por uno mismo es el principio irrenunciable de que merecemos ser amados por nosotros mismos, ahora y siempre. Es la convicción de que somos personas válidas y dignas al margen de nuestros errores o de nuestras capacidades.

El amor por nosotros mismos es como un regalo que la vida nos envía. Aunque nos neguemos a abrirle la puerta al mensajero, el regalo sigue ahí, lo aceptemos o no.

¿Por qué no ibas a aceptar un regalo que va a mejorar tu vida? ¿Qué hay de malo en recibir amor? ¿Qué hay de malo en ti?

No hay nada malo en ti. No eres insuficiente ni eres el ensayo general de tu yo «definitivo», ni tienes demasiados problemas como para preocuparte por *quererte*. Eres una persona perfectamente válida. De hecho, ¡eres una persona maravillosa!

Piensa en la gente que te ama, en la gente que quiere que estés en este mundo. En todas las ocasiones en que alguien quedó impresionado por algo que hiciste. En las personas que te han besado o abrazado con amor sincero. En las personas que te tienen en cuenta en sus planes y en sus vidas. ¿Están todas equivocadas?

Eres una persona estupenda para mucha gente, ¿por qué no para ti?

Saca al héroe que llevas dentro

Sabes que dentro de ti se esconde un héroe o heroína que espera ser liberado. Y quererte a ti mismo es sacar al héroe que llevas dentro.

Eres digno de tu amor aquí y ahora. Pruébalo. No pierdes nada por decir: «De acuerdo, acepto el desafío: ¡Voy a probar con amor, a ver si funciona!».

Puede que tu historia de amor no sea perfecta. Pero, sin lugar a dudas, será única. Y te aseguro que merecerá la pena.

Resumen:

– El amor por uno mismo es el principio irrenunciable de que merecemos ser amados por nosotros mismos, ahora y siempre.

– A menudo, el malestar que sentimos ante problemas laborales, sociales o de pareja son en realidad problemas de baja autoestima.

– La autoestima es la convicción de que somos personas válidas y dignas al margen de nuestros errores o de nuestras capacidades.

– Quiérete en cualquier circunstancia, y quiérete sobre todo cuando te sientas indigno: es entonces cuando más lo necesitas.

Ejercicio del día:

ERES TU PROPIO HÉROE / HEROÍNA

1.   Elige cinco aspectos que te gusten de ti mismo. No seas vergonzoso ni modesto: del mismo modo que sabes criticarte con dureza, debes aprender a halagar tus aspectos positivos.

2.   Escribe esas virtudes en una libreta o en tu teléfono móvil como si fueran súper poderes. Por ejemplo: «Tengo el súper poder de ser optimista», «Tengo el súper poder de ser respetuoso con mi pareja», «Tengo el súper poder de ser generoso», «Tengo el súper poder de saber arreglar aparatos y dispositivos en tiempo récord», «Tengo el súper poder de cocinar de maravilla», etc.

3.   Si consultas tu lista con frecuencia, pronto verás que tu autoconcepto mejora y, con él, tu amor por ti mismo.

Acéptate hoy y siempre

Solemos aceptar las cosas buenas que tenemos, pero ¿qué pasa con las malas? ¿Las aceptamos igual o solo lo fingimos, aunque en el fondo nos mortifican?

Si solo aceptamos las cosas buenas que tenemos, no nos estamos aceptando en absoluto. Porque la aceptación debe ser de nuestro ser en conjunto, no solo lo que es «fácil» o agradable.

Auto aceptarnos significa reconocer que somos vulnerables e imperfectos y, aun así, dignos de vivir con amor, independientemente de si a los demás les parece bien o de los errores que hayamos cometido.

Aceptarnos es el paso previo obligatorio para querernos, e implica aceptar nuestro físico, nuestro pasado y nuestras limitaciones.

Tal vez estés pensando: «¿Cómo voy a aceptar todos esos aspectos de mí si los odio con toda el alma?». Pues porque *aceptar* no significa *estar de acuerdo o a gusto*, significa asumir que la realidad, ahora mismo, es así.

¿No te sientes nada atractivo? ¿Alguien se portó mal contigo en el pasado y estás lleno de rencor? ¿Sientes envidia? Supongo que todo esto te enfada, te avergüenza o ambas. ¿Cómo aceptarlo entonces?

Lo primero es entender que no tienes por qué estar encantado con tu físico ni perdonar a esa persona que te estafó ni obligarte a estar feliz por lo que tiene otra persona si no te sale de dentro: ¡aceptar no es poner la otra mejilla! Es negarte a dedicar el resto de tu vida a carcomerte por dentro y culparte por algo eternamente.

Qué es y qué no es la aceptación

Con todo esto no estoy diciendo que nos tumbemos en el sofá a ver la vida pasar porque, total, nos queremos mucho hagamos lo que hagamos. Querernos y aceptarnos de forma incondicional no significa malcriarnos. Igual que una madre puede reñir a su hijo y, aun así, amarlo y respetarlo profundamente, tú puedes crecer y mejorar un poco cada día, y eso no es incompatible con amarte ahora mismo.

Amarse no significa ser indulgente con uno mismo o tener una doble vara de medir (lo que exijo a los demás me lo perdono a mí). Significa estar dispuesto a construir la mejor versión de nosotros mismos entendiendo las limitaciones propias y del mundo que nos rodea, y rechazando cualquier acto de violencia o desprecio hacia nosotros mismos.

Resumen:

– Aceptarnos a nosotros mismos es el paso previo a la construcción de una sana autoestima.

– Aceptar no significa estar de acuerdo, significa asumir que la realidad es así.

– Amarse no significa ser autoindulgente, significa estar dispuesto a construir la mejor versión de nosotros mismos sin castigarnos por las limitaciones propias y del mundo que nos rodea.

Ejercicio del día:

ACEPTANDO LO NEGATIVO

1.   Anota en una libreta o en tu móvil algunos errores que has cometido o en aspectos que no te gustan de ti mismo. Por ejemplo: «No me gusta ser tan indeciso», «No me gusta estresarme por cualquier cosa», «Me equivoqué al aceptar ese trabajo», «Creo que esa compra fue un error», etc.

2.   Revisa tu lista (la puedes modificar siempre que quieras), y repite en voz alta o mentalmente una afirmación de amor propio después de leer cada punto, por ejemplo: «Cometí X error en X ocasión, pero no por eso me niego el amor a mí mismo. En vez de eso, trabajaré para seguir mejorando y creciendo día a día».

3.   Con el tiempo, aprenderás a ser más justo contigo mismo y a separar tus errores y defectos de tu valor como persona. Porque recuerda: tú no eres tus errores.

DÍA 3

Tu cuerpo está bien

Los humanos somos los únicos seres sobre la faz de la Tierra que pasamos media vida avergonzados de nuestro propio cuerpo. Lo hacemos por sistema, incluso cuando este no tiene ningún problema de salud y funciona con total normalidad.

Sin embargo, no nos parece lo bastante atractivo: creemos que deberíamos tener las piernas más largas, el vientre más plano, la nariz más pequeña o el pelo más frondoso.

No niego que esas cosas nos harían más atractivos y atractivas en la sociedad actual. Probablemente, sí. Lo que digo es que nuestras imperfecciones físicas no deben impedir que vivamos una vida plena y con amor. ¿O es que tu amor por tu madre sería más fuerte si midiera unos centímetros más?

Es absurdo pasarnos la vida peleados con nuestro físico solo porque no es exactamente como nos gustaría o como marcan los cánones de belleza del momento. Sus funciones son otras, y esas son las que deberían contar.

Lo que nosotros llamamos «defectos», la naturaleza lo llama «diversidad», y es necesaria para la supervivencia de la especie.

Tú no estabas allí el día que te crearon

Aceptar el propio cuerpo es uno de los pilares básicos de la autoestima, sin embargo, ¡cómo nos cuesta conciliarnos con nuestros «defectos»! Nos comparamos con amigos, con desconocidos o con gente famosa y nunca estamos satisfechos con *lo que nos ha tocado.*

Pero la realidad es que *lo que nos ha tocado* no es nuestra responsabilidad, básicamente porque nosotros no estábamos allí el día que nos crearon.

El día que fuimos engendrados, es decir, el día que óvulo y espermatozoide se unieron y empezó el proceso embrionario, la carga genética ya estaba allí. Y esa carga ya llevaba implícito nuestro tipo de piel, el color de nuestros ojos, la forma de nuestras orejas y los demás aspectos susceptibles de crearnos complejos. Nadie nos pidió la opinión, nadie nos preguntó cómo nos gustaría ser, sencillamente, porque la naturaleza no funciona así.

Sin embargo, con la adolescencia empezamos a criticar cada centímetro de nuestro cuerpo. ¿Pero cómo podemos avergonzarnos por unos «resultados» en los que no tuvimos nada que ver? Es como si entráramos a trabajar en una empresa y nos culparan por decisiones que tomaron los socios fundadores cuando nosotros ni siquiera habíamos nacido. ¡Es absurdo!

Nuestro cuerpo es el resultado de millones de años de evolución y combinaciones de genes. No hay que buscar ni dar más explicaciones. En vez de eso, demos las gracias por estar aquí y por todas las cosas que están bien en nuestro organismo, que son la mayoría; y cuidémoslo para que nos dure mucho tiempo.

Vivir en paz con el propio cuerpo

«No puedo estar desnuda frente a un espejo sin intentar mejorar mi imagen, ya sabes, metiendo algo para dentro o girándome hacia un lado».

¿Te sientes identificado/a con esta frase? Son palabras de la actriz Emma Thompson. Las dijo en una entrevista en *The Late Show with Stephen Colbert,* en junio de 2022.

Si tú eres como la mayoría, seguro que también deseas cambiar varias cosas cuando te miras en el espejo: quieres tener menos barriga, más pecho, más altura... Pero te diré un secreto:

la gente que vive en paz con su cuerpo no es la más atractiva. De hecho, y aunque te cueste creerlo, no existe ninguna relación directa entre belleza y felicidad o belleza y amor propio. Te lo repito: ninguna relación directa.

La gente que acepta la forma de su cuerpo es la que lo asume con naturalidad, sin paños calientes ni dramas. Es gente que no necesita esconder sus defectos ni tampoco gritarlos a los cuatro vientos para obtener el perdón de no se sabe quién.

Tu cuerpo es tu casa y tu compañero de viaje. En vez de juzgarlo constantemente, acéptalo como parte de tu equipo.

Resumen:

– No te culpes por el físico que tienes: en su momento nadie te preguntó cómo te gustaría que fuera.

– Lo que nosotros llamamos «defectos», la naturaleza lo llama «diversidad», y es necesaria para la supervivencia de la especie.

– Estamos en este mundo para cosas más importantes que un pelo lacio o una baja estatura: nuestros objetivos, nuestros sueños y nuestro amor deben estar por encima del físico que tengamos.

Ejercicio del día:

<u>CÓMO HACER LAS PACES CON EL ESPEJO</u>

1.   La próxima vez que te desnudes, obsérvate en el espejo. Detente en las partes que no te gustan y prepárate para aceptarlas. ¿Cómo puedes aceptar algo que odias? Pues porque ya hemos dicho que aceptar no significa gustar: aceptar solo significa que respetas lo que ves.

2.   Di en voz alta o mentalmente: «Aquí y ahora, esta persona soy yo. Estos son mis brazos, mis piernas, mi abdomen, mis genitales. No todas las partes me gustan, pero son así, y yo las acepto porque son la realidad».

3.   Si repites este ejercicio cada vez que te observas sin ropa, notarás que las emociones que te genera tu imagen empiezan a cambiar: te sentirás más identificado con tu propio cuerpo y poco a poco disminuirá tu resentimiento hacia él.

DÍA 4

Tú no eres un estereotipo

¿Sabías que en el Japón medieval las mujeres jóvenes se pintaban los dientes de negro porque se consideraba sexy? ¿Y que en la antigua Grecia el hombre perfecto tenía el pene pequeño?

Cada época, cada cultura, crea sus propios ideales de belleza, y lo que hoy nos parece poco deseable, en otras épocas fue irresistible. Por eso no merece la pena calentarnos la cabeza si nuestro cuerpo es opuesto al prototipo de belleza actual o lo que nos atrae no coincide con lo más «deseable»: ¡es normal!

Sobre la atracción, te contaré un experimento que suelo hacer y que empezó como un pasatiempo. En una ocasión, salí con mi chica y algunos compañeros de su trabajo. Estando en un local, les propuse buscar los que consideraran el hombre y la mujer más guapos. Todo el grupo revisó al personal con la mirada, y el veredicto fue bastante unánime respecto a quiénes eran, objetivamente, los más atractivos. Luego, les pedí que eligieran a la persona que más los atraía sexualmente, al margen de si tenía un aspecto más o menos normativo. Y ahí, amigos, el debate quedó servido porque cada uno eligió a una persona distinta, para gran sorpresa de los demás. Felizmente, mi chica me eligió a mí, y solo una persona se quedó con un guapo de la primera ronda.

Con esto quiero decir que nuestros gustos existen al margen de los estereotipos. Es cierto que a menudo coincidimos con ciertos estándares de belleza, pero la forma de sentirla es personal.

En este mundo hay unos seis mil millones de adultos con aspectos y gustos dispares: los estereotipos son puertas al campo.

¿Qué hay tras los cánones de belleza?

Hay otra cuestión relacionada con los estereotipos, y es que no suelen ser arbitrarios ni espontáneos: hay intereses detrás de su creación. Y no hablo solo del negocio de las dietas o los gimnasios, hablo de la relación de la belleza con el poder.

Me explico con un ejemplo: en Europa, la belleza se ha asociado durante siglos a la piel blanca. Pero durante esos mismos siglos, la única gente que podía permitirse conservar su piel blanca era la aristocracia, porque era la que no trabajaba en el campo de sol a sol. Esta identificación llegó a su máxima expresión a partir del siglo XIX, cuando se relacionó la piel blanca con las razas «superiores», que se presentaron como las únicas dignas de dominar el mundo.

A partir de 1950, cuando gran parte de Occidente ya trabajaba en sitios cerrados y podía protegerse del sol, se popularizó el bronceado entre los ricos que disfrutaban de largas vacaciones en el mar y la nieve: nuevamente la belleza se alineaba con las élites. Hoy, la piel ideal debe mantenerse sin arrugas ni manchas hasta pasados los setenta años, precisamente cuando más expuestos estamos a la contaminación y la radiación solar.

¿Es casualidad que el ideal de belleza siempre esté en el lado opuesto al físico de la mayoría?

Creo que no. La belleza ideal se usa como mecanismo de control social, reservándola a una minoría, pero haciéndola deseable al resto. En este contexto, sentirnos a gusto en nuestro propio cuerpo es casi un acto de rebeldía, ¡cuando debería ser lo normal!

Recuérdalo siempre: los cánones de belleza no son inocentes ni espontáneos, son conceptos abstractos inalcanzables en la vida real y sirven para ensanchar las distancias entre clases sociales y controlar los deseos de la mayoría.

Sácate partido

Casi todos los profesionales del campo del crecimiento personal coincidimos en que debemos sacarnos partido, es decir, arreglarnos para ofrecer el mejor aspecto posible. Tal vez creas que esto contradice todo lo dicho sobre aceptarnos tal y como somos. Pero no es así.

Sacarse partido significa mostrar respeto por lo que somos mediante el cuidado de nuestro aspecto físico. No es obsesionarnos con la perfección ni tratar de parecer lo que no somos. Sacarse partido es un acto de autoafirmación y equivale a decir: «No soy perfecto, pero me arreglo porque es lo que mi cuerpo merece».

Debemos adoptar la costumbre de cuidar nuestra imagen como forma de honrarnos a nosotros mismos. Incluso los días en que estamos más bajos de ánimo o estresados —yo diría que especialmente esos días—, sacarnos partido hará que nos sintamos mucho mejor. Lo contrario es abrir la puerta al derrotismo.

El simple hecho de dedicar tiempo a sacarnos partido contribuye a sentirnos mejor con nuestro propio cuerpo, y es una forma muy poderosa de mostrar amor por nosotros mismos.

Resumen:

– En este mundo hay unos seis mil millones de adultos de aspectos y gustos dispares: los estereotipos son puertas al campo.

– La belleza normativa se usa como mecanismo de control social, reservándola a una minoría, pero haciéndola deseable al resto.

– Sacarnos partido es una poderosa forma de mostrar amor y respeto por nosotros mismos.

Ejercicio del día:

MIS ENCANTOS FÍSICOS

1. Todo el mundo, absolutamente todo el mundo, tiene partes de su cuerpo que le gustan: una boca bonita, unas manos atractivas, una mirada interesante, unos brazos bien moldeados. Localiza esas partes en tu físico y anótalas en un lugar visible para ti. No seas modesto: recuerda que lo que para ti quizás no tiene nada de especial, para otra persona puede suponer un auténtico privilegio.

2. Explota esas partes: si te gusta tu pelo, busca un peinado que te favorezca y vaya contigo. Si tus piernas están bien, lleva pantalones o faldas que te queden de escándalo. Sé coqueto o coqueta, y en vez de repetirte: «¡Qué mal, soy demasiado bajo!», empieza a decirte: «Sí, bueno, no soy muy alto, pero menudo pelazo tengo».

3. Si te acostumbras a sacarte partido, pronto verás más cosas atractivas que imperfecciones en tu aspecto, y te sentirás muchísimo más a gusto en el cuerpo que tienes, aun con las partes que no te gustan (recuerda que no es necesario que todo te guste para quererte).

Respeta tu propia edad

¿Tú también te sientes presionado para evitar la vejez a toda costa?

De todas las zanahorias que nos ponemos delante, creo que la relacionada con no cumplir años en paz es la más irracional de todas. Y no es algo exclusivo de nuestra sociedad o nuestra era: en todas las épocas ha habido auténtica obsesión por ralentizar los efectos del tiempo. Y es totalmente inútil.

¿Sabes por qué?

Porque cuando nacemos, empieza nuestro contrato con la vida. En ese acuerdo hay pocas cosas preestablecidas porque la vida entera está por hacer, pero sí hay una cláusula que no podemos romper: mientras vivamos, iremos cumpliendo años y nos iremos haciendo mayores. Si dejamos de cumplir años, es porque nos hemos muerto.

Así que cada día que estamos vivos estamos aceptando esa cláusula (recuerda que aceptar no significa gustar).

Tras la negativa a envejecer a menudo está la dolorosa percepción de que no estamos aprovechando la vida tanto como nos gustaría. Por eso, intentamos detener el tiempo y vivir ahora lo que tendríamos que haber vivido antes para ver si así quedamos satisfechos, con el problema que eso comporta en el futuro, cuando queramos vivir lo de hoy, que no estamos viviendo porque estamos centrados en el pasado.

En vez de eso, aprovechemos lo que nos queda, que es mucho. Hagamos que nuestro pacto con la vida sea impresionante. Digamos: «Por supuesto que si volviera a ser joven haría las cosas de otra manera, y explotaría mi juventud mejor de lo que la exploté, pero la única manera de llegar a esta conclusión es haber hecho las cosas de la manera que las hice».

¿Cuántos años tienes? ¡Dilo en alto! ¡Que se entere todo el mundo! Recuerda que solo estás cumpliendo con la «cláusula edad» de tu contrato con la vida.

Negarnos a envejecer es vivir en una tortura permanente: podemos someternos a carísimos tratamientos de belleza, podemos hacer el ridículo con comportamientos inadecuados a nuestra edad, podemos vestirnos como si tuviésemos 20 años menos de los que realmente tenemos, pero al final el resultado será el mismo: un calvario inútil.

Resumen:

– No intentes vivir ahora lo que crees que tendrías que haber vivido en el pasado: en el futuro lamentarás haber dedicado el presente a tratar de recuperar ese pasado.

– Cada día que estamos vivos estamos cumpliendo nuestro contrato con la vida, que implica obligatoriamente envejecer.

– Negarnos a envejecer es vivir en permanente tortura.

Ejercicio del día:

TODAS LAS ETAPAS SON APETECIBLES

1.   Imagina que las distintas etapas de la vida (niñez, adolescencia, juventud, adultez, madurez, vejez, etc.) son como platos del menú de un restaurante (entrantes, primer plato, segundo plato, postre, etc.).

2.   Piensa en platos que te encanten y que se correspondan con las distintas categorías del menú. Relaciona tus platos favoritos de cada categoría con cada etapa vital y confecciona tu menú ideal.

3.   Saborea mentalmente las etapas de tu vida, entendiendo que cada una aporta sabores y matices distintos a tu existencia, y que todas merecen ser degustadas y disfrutadas con pasión. Si te acostumbras a hacer este ejercicio a menudo, los pensamientos negativos asociados al paso del tiempo irán disminuyendo.

DÍA 6

Deja de contar calorías y empieza a cuidar tu salud

El autocuidado es un acto fundamental de amor hacia nosotros mismos. Pero cuidar la salud no significa someternos a una eterna condena a la hipervigilancia y los tratamientos, en especial si nuestro cuerpo no los necesita.

En el título menciono las calorías, pero podría haber hablado de los suplementos alimenticios, las aplicaciones de fitness para registrar biodatos o las terapias alternativas, ya sabes: acupuntura, hipnosis, reiki, fitoterapia, aromaterapia, cromoterapia, reflexología, flores de Bach, gemoterapia, homeopatía...

No digo que todo eso no pueda ser beneficioso. Lo que digo es que no estamos obligados a nada que no responda a una necesidad de salud real. ¿Estas terapias te hacen sentir mejor? ¡Adelante! Pero selecciona y pon límites, de lo contrario, se convertirán en otra zanahoria delante del burro: siempre habrá algo nuevo que probar. Y cada vez que revises tu cuerpo y una parte no te guste (y esto sucederá muy a menudo), pensarás que tal vez debas probar tal terapia alternativa o someterte a tal nuevo tratamiento.

Tu cuerpo es tu casa y tu nave nodriza

Del mismo modo que te aconsejo no entrar en el bucle de las mil y una terapias para todo, también te pido que no abandones tu cuerpo. Nuestro organismo nos mantiene con vida respirando, bombeando sangre y realizando el resto de las funciones vitales. A cambio, solo nos pide que lo cuidemos. Me parece un trato justo.

Proteger nuestra salud es nuestra responsabilidad. No hacerlo, es decir, dejarlo todo en manos de los médicos, de la suerte o de familiares y cuidadores, no solo es arriesgado: también indica una actitud profundamente infantil.

Para mantener un autocuidado básico no necesitamos tener la carrera de medicina. De hecho, es de sentido común y se basa en cuatro simples pilares:

1. Cuidar la alimentación.

2. Hacer ejercicio.

3. Evitar hábitos y comportamientos tóxicos.

4. Seguir controles e indicaciones médicas.

¡Ya está! Si es tan sencillo, ¿por qué nos cuesta tanto?

Creo que un factor clave es la falta de recompensa a corto plazo de los hábitos saludables. En una sociedad acostumbrada a la gratificación instantánea, cenar verdura y comprobar que no sucede nada enseguida puede ser muy frustrante. Pero resulta que la recompensa al autocuidado tarda en llegar y a menudo lo hace de forma discreta. ¿Cómo va a competir con una sabrosa pizza con doble ración de queso fundido?

¿De dónde sacamos la motivación entonces?

Para muchos de mis pacientes, y para mí mismo, la clave fue asumir que cuidar la salud no es gratificante a corto plazo. Simplemente, empiezas a hacerlo porque tu cuerpo se lo merece y porque tu yo del futuro no merece sufrir por tu irresponsabilidad del presente.

Si a ti también te cuesta, tómatelo como una inversión a largo plazo: te fastidia renunciar a lo agradable ahora mismo, pero agradecerás disfrutar de ello cuando realmente lo necesites.

Cuidar nuestra salud es un acto más de amor hacia nosotros mismos y una muestra de madurez.

Resumen:

— Proteger nuestra salud es nuestra responsabilidad y es un acto más de amor hacia nosotros mismos.

— El autocuidado a nivel físico se basa en cuatro pilares: cuidar la alimentación, hacer ejercicio, evitar hábitos y comportamientos tóxicos, y seguir los controles e indicaciones médicas.

— No te sientas obligado a medicar y tratar tu cuerpo cuando no lo necesita. Tu cuerpo está bien si no está enfermo.

Ejercicio del día:

AUMENTA TU AUTOCUIDADO

1. Reflexiona sobre cuánto están presentes en tu vida los cuatro pilares del autocuidado básico (cuidar la alimentación, hacer ejercicio, evitar hábitos y comportamientos tóxicos, y seguir los controles e indicaciones médicas).

2. Decide una mejora para cada uno de ellos. Por ejemplo: reducir el consumo de carne (si no hay contraindicación médica), comer más fruta, ir a un fisioterapeuta, acostarme antes por las noches, hacerme un chequeo, etc.

3. Comprométete con esa mejora. Cuando la hayas conseguido, proponte añadir una mejora más a tu vida (recuerda que no estamos hablando de adelgazar ni de obsesionarnos con el gimnasio, sino de mejorar nuestra salud de forma objetiva). Si lo tomas como hábito, muy pronto te sentirás mucho más satisfecho y en paz con tu cuerpo.

DÍA 7

Tu cabeza está bien

Tu forma de ser deriva de los factores genéticos y ambientales que han afectado a tu existencia desde que naciste hasta este mismo momento. Igual que sucede con el cuerpo, la personalidad de cada uno es el resultado de miles de combinaciones genéticas y factores ambientales. Hay muy poco de nuestra propia decisión en ello, así que no tiene sentido lamentarnos por cómo somos.

La personalidad viene predeterminada por nuestra carga genética y no podemos cambiarla. En vez de frustrarnos por ello, vamos a asumirlo con deportividad. Por otro lado, el carácter lo aprendemos y es modificable, así que tampoco merece la pena lamentarnos porque sí lo podemos mejorar.

¿Dónde está el problema entonces?

Simplemente, hay que aceptar lo que no podemos cambiar y enfocarnos en lo que sí podemos. Por ejemplo: una persona introvertida no puede dejar de serlo. Sí puede cambiar su comportamiento para evitar que ese rasgo de su personalidad le reporte sufrimiento. Pero no puede eliminar eso de su ADN porque no está en sus manos alterar sus propios genes.

Un introvertido tiene mayor actividad cortical que un extrovertido. Un extrovertido, sin embargo, es más sensible a estímulos externos. ¿Qué es mejor y qué es peor? ¡Qué más da! ¡No nos podemos cambiar por otro!

Cambiar nuestro carácter es posible, pero difícil. Primero, porque nuestro cerebro primitivo piensa: «Si hasta ahora hemos sobrevivido así, ¿por qué arriesgarnos a cambiar?». Segundo, porque se necesitan buenos estímulos y motivos claros para ello. Al fin y al cabo, ¿para qué cambiar si no está garantizada la recompensa? Y tercero, cambiar es difícil si no se hace con amor y por amor. No soy yo quien lo dice: muchos expertos en personalidad [2] aseguran que el amor y el refuerzo positivo son la gasolina para el crecimiento personal. Cuando nos planteamos cambiar, debemos hacerlo, ante todo, por amor hacia nosotros mismos.

Deja de rechazar tu personalidad y prepárate para abrazarla. Dile a tu cabeza: «¡Somos un gran equipo! Vamos a entrenar duro para que cada uno de nosotros haga su mejor trabajo».

---

2 Por citar dos nombres: el psiquiatra Carlos Álvarez Vara y el catedrático de Psicología y experto en personalidad Manuel Juan Espinosa.

Conócete un poco mejor cada día

Para construir el auténtico amor por ti mismo es necesario que te conozcas. Lo contrario es vivir con un extraño que no sabes si te cae bien o mal.

Para saber quién eres no es necesario que te sometas a largas sesiones de psicoanálisis: puedes empezar por investigar tus gustos en materia de comida, deportes, música o ciudades.

Personalmente, siento debilidad por el Cuestionario de Proust. No es un test de personalidad ni nada parecido, más bien es una entrevista informal para conocer los intereses y opiniones de alguien[3].

Algunas preguntas te parecerán anticuadas (¡es de finales del siglo XIX!), y otras, infantiles (no hay que olvidar que el original lo escribió una

---

3 El Cuestionario de Proust fue creado por su amiga Antoinette Faure cuando ambos eran adolescentes. Más tarde, Proust lo adoptó para crear sus personajes de novela y, desde entonces, este tipo de cuestionario se viene utilizando en entrevistas, tests, etc.

muchacha adolescente), pero me gusta ofrecerlo intacto a mis pacientes. Te lo dejo aquí y te invito a que le eches un vistazo:

1.   ¿Principal rasgo de tu carácter?

2.   ¿Qué cualidad aprecias más en un hombre?

3.   ¿Y en una mujer?

4.   ¿Qué esperas de tus amigos?

5.   ¿Tu principal defecto?

6.   ¿Tu ocupación favorita?

7.   ¿Tu ideal de felicidad?

8.   ¿Cuál sería tu mayor desgracia?

9.   ¿Qué te gustaría ser (de mayor)?

10. ¿En qué país desearías vivir?

11. ¿Tu color favorito?

12. ¿La flor que más te gusta?

13. ¿El pájaro que prefieres?

14. ¿Tus autores favoritos en prosa?

15. ¿Tus poetas?

16. ¿Un héroe de ficción?

17. ¿Una heroína?

18. ¿Tu músico favorito?

19. ¿Tu pintor preferido?

20. ¿Tu héroe de la vida real?

21. ¿Tu nombre favorito?

22. ¿Qué hábito ajeno no soportas?

23. ¿Qué es lo que más detestas?

24. ¿Un personaje que te deje mal cuerpo?

25. ¿Un hecho de armas que admires?

26. ¿Qué virtud desearías poseer?

27. ¿Cómo te gustaría morir?

28. ¿Cuál es tu estado de ánimo más común?

29. ¿Qué defectos te inspiran más indulgencia?

30. ¿Tienes una máxima?

Tal vez te estarás preguntando en qué puede aumentar nuestro amor propio un formulario sobre flores y pájaros favoritos. Bueno, este cuestionario es solo un ejemplo, pero seguro que algunas preguntas te han hecho pensar y descubrir algo nuevo sobre ti. De eso se trata.

Hay vida más allá de los machos alfa

Seguro que has oído hablar del tema. El macho alfa (la hembra se añadió más tarde), es ese hombre fuerte, agresivo, dominante y carente de cualquier atisbo de vulnerabilidad que impone *su* ley en *su* territorio y a quien todos temen. El concepto procede de una visión bastante psicopática del líder de la manada de lobos.

La verdad es que los lobos alfa no suelen someter al grupo mediante la fuerza o el miedo, más bien lo contrario: los líderes inspiran tranquilidad y dan ejemplo al resto[4].

El peligro de los machos alfa en nuestra sociedad son los «valores» que se les atribuye: se supone que son rasgos deseables, pero parecen sacados de una película para adolescentes: el macho alfa es blanco, guapo, de clase media-alta, carismático, heterosexual, el capitán del equipo de futbol en el instituto y destinado a ocupar posiciones de mando donde hay mucho dinero y poca empatía.

¿Y si no somos así? ¿Qué pasa si no nos gusta mandar a los demás o nuestro ideal de vida no es poseer una multinacional? ¿Valemos menos? ¿Somos unos blandos? ¿Somos idiotas?

---

4 Los expertos que siguen a los lobos de Yellowstone explican que los líderes casi nunca son agresivos con el resto de los miembros, y hacen cosas como atender a las crías más débiles y dejarse ganar en los juegos de peleas con los cachorros.

La gente que defiende la idealización de los machos alfa es gente que vive muerta de miedo. Creen que una sociedad más diversa y flexible donde cada uno puede elegir su destino y donde no sea necesaria la mano dura lleva irremediablemente al caos. En realidad, lo que lleva irremediablemente al caos es educar a la gente para que desee someter a los demás.

No te sientas obligado a ser un hombre o una mujer alfa, y nunca pienses que eres un perdedor si no lo eres o no tienes ningún interés en serlo.

Resumen:

– No puedes cambiar tu personalidad, pero sí mejorar tu carácter y tu comportamiento. Y eso es suficiente.

– Para querernos, debemos aceptarnos, y para aceptarnos tenemos que saber quién somos, qué nos mueve, qué nos atrae y qué evitamos.

– No te sientas obligado a ser como la mayoría. Los cambios deben ser, ante todo, por amor y respeto hacia uno mismo.

Ejercicio del día:

<u>¿TE CONOCES REALMENTE?</u>

1. Lee y aprende sobre personas a las que admiras (puede ser tu abuelo, Messi o la primera mujer que viajó al espacio). Descubre sus gustos, aficiones y formas de ser cotidianas, es decir, alejadas de su fama.

2. Compara esa información contigo mismo y localiza puntos en común: a ambos os gustan los perros, sois alérgicos a los plátanos, preferís las vacaciones en la playa, odiáis las multitudes, etc.

3. El objetivo de este ejercicio es doble: por un lado, conocerte mejor a ti mismo (ya hemos dicho que es básico para tu autoestima), y acercarte a otras personas para comprobar que no eres tan distinto a la mayoría.

DÍA 8

Busca siempre el verdadero por qué

Hay una etapa en la infancia que no dejamos de preguntar a los adultos que nos rodean por qué: por qué las nubes son blandas, por qué los perros ladran, por qué tengo que comer verdura. Cuando los adultos responden a nuestra primera pregunta, inmediatamente nos surge una nueva pregunta sobre las nubes, los perros o la verdura, y volvemos a preguntar por qué a la respuesta que hemos recibido.

Al llegar a la edad adulta, dejamos de preguntar para no parecer idiotas o ignorantes. Y lo peor es que dejamos de preguntarnos a nosotros mismos: preferimos sacar conclusiones inmediatas que nos den la sensación de autosuficiencia antes de arriesgarnos a preguntar algo y admitir que aún no nos conocemos lo suficiente.

Mi opinión es esta: mientras respires, debes tener preguntas. ¿Por qué? Porque cuando dejas de cuestionarte las cosas, es porque has empezado a generar tus propias respuestas automáticas inducido por el miedo, la arrogancia o el agotamiento.

Y está bien tener miedo a lo desconocido o sentirnos desbordados por toda la información que existe en el mundo. Pero en lo que se refiere a nosotros mismos, deberíamos preguntarnos por qué a cada paso nuevo que damos.

Llegar al fondo de la cuestión

Preguntarnos por qué es mantenernos libres de cadenas propias y ajenas. Preguntarnos a nosotros mismos por qué hacemos tal cosa o por qué estamos tan seguros de que algo es así nos obliga a no aceptar imposiciones ni verdades absolutas sin antes comprobar que tienen lógica[5].

Voy a ponerte un ejemplo de por qué son tan útiles las «rondas de porqués» que siguen los niños cuando no se contentan con la primera respuesta.

A menudo, hablo con gente que asegura que quiere cambiar de trabajo. Mi primera pregunta siempre es: «¿por qué?». Sus primeras respuestas suelen ser quejas de la empresa: «Es que mi jefe es un inútil», «llevo cinco años sin un ascenso», «no me valoran».

Yo les pido que dejen al margen las circunstancias externas y respondan en primera persona y usando el verbo «querer». Entonces salen respuestas de este tipo:

---

5 En unas páginas retomaremos el tema de las verdades absolutas y los pensamientos distorsionados.

— Porque quiero ganar más dinero.

— Porque quiero más responsabilidad.

— Porque quiero cambiar de sector.

— Porque quiero algo cerca de casa.

Aun así, estas respuestas no revelan el verdadero porqué. Estas son las cosas que se quieren cambiar, los *qué*: más sueldo, un ascenso, otra compañía, un nuevo sector. Pero lo que debemos averiguar es por qué queremos eso. ¿Por qué queremos más dinero? ¿Por qué queremos cambiar de sector?

Lo que pretendo es llegar al fondo de la cuestión, donde aparecen los verdaderos motivos del malestar. Es ahí donde la gente empieza a descubrir sus puntos de dolor:

— Porque me da rabia que mi hermano haya llegado más lejos que yo.

– Porque me da vergüenza lo que hago.

– Porque sé que he decepcionado a mi padre.

– Porque yo soñaba con otra cosa.

– Porque mi pareja cobra más que yo y tengo miedo de que un día me deje.

A menudo escondemos el último porqué por vergüenza o miedo. Lo tapamos con motivos mejor aceptados por nosotros mismos o por la sociedad, a veces hasta de forma inconsciente. Pero no podemos ayudarnos si no excavamos hasta el final: es como si un médico se limitara a tratar los síntomas superficiales de una dolencia en vez investigar el porqué de esos síntomas.

Debemos llegar al fondo de nuestros propios porqués, incluso si la verdad es incómoda: es el primer paso para ayudarnos cuando lo que hacemos no provoca malestar.

¡Ojo con la bola de cristal!

Si insisto tanto en los porqués es para combatir las trampas que nuestra mente nos pone: hemos llegado al momento de los pensamientos distorsionados.

Un pensamiento distorsionado es una falsa creencia provocada por un aprendizaje erróneo del pasado. El problema de estas creencias no es cómo recordamos ese pasado sino cómo nos condiciona en el presente y el futuro, ya que nuestras acciones quedan más influenciadas por esa creencia que por la propia realidad.

¿Qué tiene que ver esto con querernos a nosotros mismos?

Las creencias que adoptamos como verdades absolutas no nos permiten crecer. Y, al ser erróneas, cuanto más tiempo las mantenemos, más nos cuesta asumir el error, ya que son más las decisiones que habremos tomado en base a ella.

¿Cómo se crean esos pensamientos? Veámoslo con un ejemplo:

Todas las veces que yo he ido a Londres, ha llovido. Por lo tanto, yo creo que en Londres llueve cada día, y así será siempre. Sin embargo, sabemos que no siempre es así. Es más: aunque actualmente lloviera cada día, tampoco podría asegurar que será así en el futuro porque no soy adivino. Aun así, yo sigo defendiendo que en Londres llueve siempre y siempre lloverá.

¿Cuándo me doy cuenta de que estoy equivocado? Cuando la realidad no cuadra con lo que yo defiendo, es decir: cuando voy a Londres y descubro que algunos días sale el sol.

¿Qué hago entonces? Tengo dos opciones: o asumo que saqué una conclusión equivocada, o trato por todos los medios de ocultarme la realidad a mí mismo para no reconocer que me equivoqué. Contra toda lógica, demasiadas veces nos decantamos por la segunda opción. ¿Por qué? Porque aceptar la realidad nos obliga a abandonar nuestras creencias, con el riesgo que eso supone para todo nuestro sistema de aprendizajes y valores en los que nos basamos para vivir.

La falsa seguridad de los pensamientos distorsionados

Los pensamientos distorsionados son un mecanismo de defensa: su función es aportar seguridad y protección frente a la incertidumbre o el dolor, a veces incluso anticipando ese dolor para «tenerlo controlado». Lo que se esconde detrás es el miedo: el miedo a fracasar, a perder el control, a no ser aceptados...

Los pensamientos distorsionados son el nivel más alto de la llamada «zona de confort».

Antes de seguir, quiero aclarar que tener pensamientos distorsionados no es estar loco ni mucho menos. De hecho, muchos de ellos son fruto de la educación recibida, y la mayoría de nosotros los hemos tenido en algún momento de nuestra vida sin ni siquiera darnos cuenta.

Vamos a ver los principales mecanismos de creación de estos pensamientos:

1. **Filtraje o exageración:** Se crea un pensamiento distorsionado a partir de la exageración de los puntos negativos de un hecho y la minimización de los positivos.

2. **Pensamiento polarizado:** Se juzgan los hechos como blancos o negros, sin dar lugar a ningún término medio.

3. **Sobre generalización:** Se extrae una conclusión general a partir de un solo hecho.

4. **Lectura del pensamiento de los demás:** Se cree conocer lo que piensan los otros interpretando algunos de sus actos.

5. **Visión catastrófica:** Se espera lo peor de una situación pese a haber opciones mucho más probables.

6. **Personalización:** Se cree que todo el entorno actúa como forma de reacción hacia uno.

7. **Culpabilidad:** Se tiende a culpar sistemáticamente a los demás del propio sufrimiento, o, por contra, se asume toda la culpa.

8. **Debería:** Para que el mundo funcione, todas las personas deben comportarse de la manera que uno «sabe». Como no lo hacen, el mundo va como va.

9. **Razonamiento emocional:** Lo que se siente en un momento dado se convierte en hecho.

10. **Falacias de control, de justicia...:** Se actúa de una determinada manera porque se cree que es la forma de obtener algo (aunque, en realidad, no depende de ello).

11. **Tener razón:** La vida se convierte en un esfuerzo continuo para demostrar que se tiene razón en todo.

12. **Recompensa divina o futura:** Se auto inflige sufrimiento porque se cree que así se obtendrá un reconocimiento en el futuro.

13. **Etiquetado:** Se define a alguien por lo que ha hecho una vez o por un prejuicio.

Todos ellos son formas de razonar condicionadas por el miedo. Por ello, debemos identificar y combatir estos pensamientos, contrastándolos con la realidad todas las veces que sea necesario.

Resumen:

– Cuestionarnos siempre por qué hacemos lo que hacemos es mantenernos libres de cadenas propias y ajenas.

– Contrastar regularmente nuestras creencias con la realidad es la mejor forma de no aceptar imposiciones ni verdades absolutas. No hay que dar nada por sentado.

– Los pensamientos distorsionados son el nivel más alto de la llamada «zona de confort».

– Las falsas creencias nos aportan seguridad a corto plazo, pero a la larga limitan nuestra libertad de actuación.

Ejercicio del día:

<u>¿POR QUÉ HACES ESO?</u>

1.   Piensa en algo que haces regularmente y que tenga cierto peso en tu vida, ya sea por el tiempo que le dedicas o por los años que llevas haciéndolo. Puede ser algo que te guste hacer o que hagas por obligación: trabajar en la oficina, ir a comer a casa de tus padres los domingos, pagar los impuestos, ver los partidos de básquet de tu hija, etc.

2.   Somete esa actividad a una ronda de porqués hasta que llegues a la razón última. Valora si esa razón última tiene sentido para ti, si te identificas con ella o si, por el contrario, es algo que te has impuesto a ti mismo/a y de lo que puedes prescindir.

3.   El objetivo es ser conscientes de a qué responden nuestras acciones y hasta qué punto están alineadas con nuestros objetivos. Cuanto más conscientes seamos de ello, mejor autoestima tendremos.

DÍA 9

Abraza tu ansiedad

Vamos a dedicar esta sesión al enemigo público número uno: la ansiedad. El objetivo es que dejes de verla como un veneno paralizante y empieces a amarla.

¿A amarla? ¡Pero si me hace la vida imposible!

No, tu ansiedad no te hace la vida imposible: ella solo es la mensajera. Lo que te hace la vida imposible es lo que alteró tu sistema nervioso y provocó que ahora esté en guardia permanente.

La ansiedad es un mecanismo de defensa que te avisa de que algo no va bien. El problema es que no siempre somos capaces de interpretar ese aviso, y lo que hacemos es frustrarnos y agotarnos por los síntomas que nos provoca.

Para evitar eso, muchos terapeutas entrenan a sus pacientes para que ignoren los síntomas de la ansiedad, cuando lo que deberíamos hacer es escucharla.

La ansiedad que se ignora se convierte en otra cosa: un dolor físico, ataques de pánico, fobias, depresión, etc.

Para superarla, hay que trabajar en dos líneas: una, buscar su origen y la otra, llegar a acuerdos con la ansiedad en el día a día.

¿Cuál es ese origen?

De alguna manera, la ansiedad es nuestro cerebro gritando: «¡Peligro! ¡Estamos frente a una amenaza real! ¡Hay que huir!».

El cerebro percibe una amenaza inminente a nuestra integridad física o emocional y activa el sistema de alarma, que es la rama simpática del sistema nervioso autónomo: el corazón y la respiración se aceleran, las pupilas se dilatan, se seca la boca... Son reacciones fisiológicas naturales ante el «peligro», y son parte de la preparación de nuestro organismo para «ponernos a salvo». Es lo que sucedería si, de repente, nos encontráramos cara a cara con un tigre hambriento.

Sin embargo, la mayoría de las veces ese «tigre» está camuflado, y debemos hacer un trabajo de introspección para dar con él.

El tigre camuflado podría ser:

– Un miedo enquistado.

– Un periodo de estrés continuado que hasta ese momento habíamos ido tolerando.

– Una crisis vital.

– Una pérdida importante.

– Un trauma que ya creíamos superado.

– ...

Por ejemplo: si toda la vida nos hemos apoyado en una creencia que nos daba seguridad y un día descubrimos que esa creencia es errónea, es muy posible que sintamos ansiedad. Hasta que no aceptemos la «nueva situación», nuestro cerebro se mantendrá en estado de alerta.

En una ocasión ayudé a Emma, una paciente de 24 años que empezó a sufrir ataques de ansiedad muy intensos sin motivo aparente. Cuando empezamos a trabajar, vimos que Emma estaba en un momento vital muy bueno: había conseguido el trabajo de sus sueños como médico, una buena relación de pareja, tenía salud, amigos, proyectos... ¿Dónde estaba el tigre?

Para su sorpresa, el tigre estaba asociado a su madre, a la que ella aseguraba estar muy unida. Cuando profundizamos en la relación con su madre, Emma empezó a mostrar mucha vergüenza: se sentía en deuda con ella y le parecía injusto criticarla «con todos los sacrificios que su madre había hecho por ella». Al poco, descubrimos que su madre había usado la manipulación y el chantaje emocional para controlarla «por su propio bien»; y, en algún punto de su niñez, Emma se había negado a sí misma para complacer a su madre. Y ahora se sentía engañada, pero no podía echárselo en cara a su madre porque gracias a ella, había llegado a «ser alguien».

Esa contradicción la había llevado a un desajuste emocional que finalmente le había explotado en las manos. Fue necesario poner orden a sus emociones y reinterpretar su pasado para que Emma pudiera seguir su camino.

La ansiedad solo nos informa de que tenemos una tarea pendiente. Si queremos eliminar la ansiedad, debemos dar con la tarea y terminarla mediante un trabajo de aceptación y cambios en el pensamiento asociado al problema.

Y mientras dura ese proceso de introspección para dar con nuestro tigre... hay que lidiar con la ansiedad en nuestro día a día. Vamos a ver cómo lo hacemos.

Cómo lidiar con la ansiedad

Si sufres o has sufrido ansiedad, sabrás que se puede manifestar por vía de muchas emociones y reacciones físicas distintas, desde mareos y taquicardias hasta pensamientos catastrofistas. Por ello, cada uno debe encontrar sus propios métodos para lidiar con ella[6].

---

6 Recuerda que la ansiedad seguirá apareciendo hasta que no descubras y aceptes el motivo original que la provocó.

Algunas estrategias:

1. **Habla abiertamente con ella:** Conversa con tu ansiedad cuando la sientas. Pregúntale por qué ha venido. Escúchala, siente todo lo que te provoca y acéptalo como parte del mensaje que debes descifrar.

2. **Después, invítala a marcharse con palabras del estilo:** «Te agradezco que hayas venido para traerme este mensaje, pero ahora debes irte», o «entiendo que estés aquí, pero lo tengo controlado, puedes marcharte tranquila, que estoy al mando».

3. **Dale cita**: Reserva un rato al día para dedicárselo a tu ansiedad. Tu sistema nervioso se calmará si sabe que hay un momento destinado a sus mensajes. Lo que tú le estás transmitiendo a tu cerebro es: «Como no siempre te puedo atender de forma inmediata, te dedicaré un rato al día para atender correctamente a lo que tengas que contarme».

4. **Utiliza actividades de distracción**: Los picos de ansiedad suelen desaparecer pasados unos minutos. Sin embargo, durante esos minutos se adueñan de nosotros. Para hacer que ese mal rato paso cuanto antes, nos centraremos en una actividad que requiera nuestra atención: escuchar atentamente una canción, preparar una receta de cocina, llamar a alguien por teléfono, hacer una meditación, escribir una carta, etc. Cualquier cosa que nos distraiga rápidamente hasta que el pico de ansiedad baje y desaparezca.

5. **Demuéstrale que puedes:** La ansiedad es tu propia inseguridad diciéndote que no puedes con algo. No te enfades por ello, recuerda que es tu cerebro tratando de protegerte del dolor o el fracaso. Para calmarla, busca maneras de obtener pruebas de que puede «confiar en ti». Pequeños logros, pequeñas victorias que se van sumando y te van aportando confianza en ti mismo. Por ejemplo: si tu ansiedad se dispara

cuando debes hablar en público, empieza por explicarle algo cotidiano a un par de vecinos. Luego, aumenta tu audiencia a tres o cuatro personas en distintas situaciones y ve observando cómo cada vez te es más sencillo. Si te da pánico sumergirte en el mar, toma un calendario de verano y comprométete a meterte en el agua medio pasito más adentro cada día.

6. **Muéstrale diagnósticos**: A menudo la ansiedad viene disfrazada de ataques al corazón o brotes de «locura» muy convincentes. Para quedarte tranquilo, pide informes médicos que demuestren que no sufres ningún colapso ni enfermedad grave.

Resumen:

– La ansiedad solo es la mensajera.

– La ansiedad es tu cerebro activando el sistema de alarma. En vez de asustarnos, es mejor escucharla y entender por qué se dispara.

– Para superarla, hay que trabajar en dos líneas: una, llegar a acuerdos con la ansiedad en el día a día y la otra, buscar su origen para desactivarla.

Recuerda que la ansiedad, por sí sola, es inofensiva: no puede provocar ningún infarto, ni brote de esquizofrenia ni pérdida de control: esos son los disfraces que se pone para llamar tu atención.

Ejercicio del día:

TU DIARIO DE LA ANSIEDAD

1.   Consigue un diario (puede ser un simple cuaderno), y conviértelo en tu Diario de la ansiedad: apunta los días que tienes ansiedad, en qué circunstancias, qué estabas haciendo, cuándo desaparece, etc.

2.   Lleva tu registro de ansiedad durante un tiempo y examínalo a menudo en busca de patrones, coincidencias, etc. Eso te servirá para aplicar estrategias en los momentos críticos, anticiparte a los posibles picos de ansiedad y comprobar que luego esta siempre desaparece.

3. El objetivo es perderle el miedo a la ansiedad y aprender a convivir con ella mientras no se pueda eliminar. Con el tiempo, este diario también te ayudará a reforzar tu autoconfianza cuando empieces a ver avances en el manejo de tu propia ansiedad.

Todas tus emociones son válidas

Si aceptar el propio cuerpo ya es todo un reto, aceptar las emociones que nos avergüenzan nos supone un desafío todavía mayor.

Lo primero que debemos entender es que las emociones son información a bordo. De la misma manera que sentimos picor, frío o sed, podemos sentirnos asustados, tranquilos, humillados, traicionados, halagados o alegres. Es pura información que el cerebro envía al navegante, que somos nosotros.

Las emociones van ligadas a la propia condición humana y no es posible no sentirlas. Entonces, ¿por qué las rechazamos o juzgamos?

Probablemente que porque hemos sido inducidos a ello para evitar que se «descontrolen» y rompan nuestro equilibrio. Pero lo cierto es que el equilibrio se rompe cada dos por tres porque ¡va unido a la propia existencia! Cuando nos enamoramos, cuando muere un ser querido, cuando perdemos el trabajo o cuando nos traicionan, se rompe el equilibrio. Cada nueva etapa, cada nueva experiencia, cada caída y cada meta alcanzada nos hacen «sentir cosas», y es inútil negarlas.

Así que está bien verse superado emocionalmente. Está bien sentir pena o ternura, tristeza, asco o miedo. Está bien creerse totalmente acabado de vez en cuando. Y está bien sentir una alegría tan grande que nos dé ganas de saltar y gritar.

Si tus propias emociones te confunden o te provocan incomodidad, pregúntate: «¿Por qué creo que sentirme así es malo o vergonzoso?», «¿Cómo se supone que debería sentirme?», «¿Y cómo me gustaría sentirme realmente?».

Educar nuestras emociones no significa enterrarlas: significa aprender de ellas para actuar en consecuencia.

Tus emociones son para quien las sepa apreciar

Soy un firme defensor de no ocultar las emociones. Sin embargo, no todos los momentos son óptimos ni todo el mundo es adecuado para compartirlas. Tus emociones no son para todo el mundo.

Imagina que has cocinado unas fabulosas galletas de chocolate. Para enfriarlas, las dejas en la ventana (antes se hacía así en muchos pueblos). Y como tu ventana está al nivel de la calle, el aroma que desprenden llega a la gente que pasa. Atraídas por su olor, algunas personas se acercan a las galletas. ¿Con qué intención? Bueno, algunas personas quieren comparar tus galletas con las que hacen ellas en su casa. Otras personas buscarán la manera de robártelas. Otras querrán conocer al autor de esa maravillosa delicia y, tal vez, compartir un rato de charla o trucos sobre pastelería. Otra gente se enamorará de tus galletas y te ofrecerá compartirlas a cambio de sus croissants. En fin, sabes por dónde voy.

Bien, esas galletas son tus emociones. Y, como las galletas, las emociones atraen a la gente. Es algo instintivo, no podemos evitarlo. Pero, como ves, no todo el mundo lleva las mismas intenciones cuando se acerca a las galletas de los demás.

Todos recordamos momentos en que dejarnos llevar por nuestras emociones nos ha perjudicado. Entonces, ¿no sería más seguro no mostrarlas nunca?

La verdad es que no: primero, porque es imposible, y segundo, porque nos deshumaniza.

La gente maravillosa que va a querernos, la gente que nos aprecia, espera compartir con nosotros nuestra parte más emocional. De hecho, es imposible amar realmente a alguien si no se puede acceder a sus emociones.

Tú no eres «demasiado emocional»

Entre mis pacientes escucho a muchos hombres quejarse de que sus compañeras mujeres son inestables, demasiado intensas o difíciles de entender emocionalmente. Del mismo modo, me encuentro a muchas mujeres avergonzadas de «sentir demasiado» o de «ser montañas rusas emocionales», según sus propias palabras.

Lo cierto es que muchas de las desavenencias entre hombres y mujeres en el plano emocional derivan de las propias diferencias entre nuestros sistemas límbicos[7]. A eso hay que añadir la acción de las hormonas sexuales en muchas etapas de la vida de las mujeres que no tienen correspondencia en la de los varones: los ciclos menstruales, el embarazo o el posparto, por poner los ejemplos más conocidos, conllevan reajustes que son naturales (es decir, que son normales desde el punto de vista fisiológico), y que se traducen en los «cambios de humor» de los que las mujeres son las primeras víctimas.

A eso hay que sumar factores culturales: seguimos en un mundo patriarcal donde las mujeres suelen soportar más presión: mientras los hombres tienen el foco puesto en ser exitosos

---

[7] Aquí no pretendo limitar la realidad al tándem hombre-mujer, sino exponer lo que encuentro en mi profesión cuando se abordan problemas en las relaciones de pareja heterosexuales.

en el trabajo, a las mujeres se les exige cumplir altas expectativas en muchos campos distintos.

Por último, varios estudios defienden que, de media, las mujeres tienden a ser más empáticas que los hombres. Esto significa que son más sensibles a las emociones de los demás.

Por todo ello, incluso en contextos de plena igualdad, hombres y mujeres tienen formas distintas de sentir. Mientras se considere «adecuada» la forma de sentir de los varones e «inadecuada» la de las mujeres, el sufrimiento y los desencuentros están asegurados.

Aquí va un ejemplo sobre las diferencias entre la aceptación de las emociones en contextos tradicionalmente masculinos y femeninos: en muchos países están normalizadas las emociones masculinas asociadas a los eventos deportivos. Es difícil que un hombre se avergüence de «sentir demasiado» el día que se juega una gran final. Sin embargo, que una mujer llore por una desgracia que ha ocurrido a miles de kilómetros es visto como un signo de debilidad o de inmadurez: se menosprecia porque «ya sabemos que el mundo es así» o «eso pasa todos los días».

Hombres y mujeres tienen formas distintas de sentir. Invalidar, ignorar o juzgar las emociones del otro género no solo es injusto: es completamente inútil. En vez de eso, hagamos un esfuerzo por empatizar más con la forma de sentir de las personas que nos rodean.

Resumen:

– Si tus propias emociones te confunden o te provocan incomodidad, pregúntate: «¿Por qué creo que sentirme así es malo o vergonzoso?».

– Las emociones son información a bordo. De la misma manera que sentimos picor, frío o sed, podemos sentirnos asustados, tranquilos, humillados, alegres, traicionados o halagados. Son parte de la naturaleza humana y es inútil ignorarlas.

– Hombres y mujeres tienen formas distintas de sentir. Invalidar, ignorar o juzgar las emociones del otro género no solo es injusto: es completamente inútil.

– Es imposible amar realmente a alguien (incluido uno mismo) si no se puede acceder a sus emociones o estas se rechazan.

Ejercicio del día:

TUS EMOCIONES SON NORMALES

1. Haz una lista de todas las emociones que conozcas: tristeza, alegría, miedo, incertidumbre, asco, sorpresa, desprecio, amor, calma, inseguridad, etc.

2. Durante los próximos seis meses, marca la fecha junto a cada emoción cuando la sientas. Si puedes, añade una breve reflexión sobre por qué crees que ha surgido, cómo te ha hecho sentir el hecho de sentirla (débil, ridículo, tranquilo, avergonzado...), y qué debería de haber pasado para que no te sintieras así.

3. Con el tiempo, verás qué emociones sientes con más frecuencia y empezarás a entender cómo funcionan y qué te están diciendo, además de aceptar cada vez con más naturalidad tus propias emociones.

Los tres jinetes del Mal: envidia, celos y culpa

Que aceptemos nuestras emociones no significa que tengamos que vivir prisioneros de ellas, y mucho menos que sean ellas las que decidan nuestras acciones.

Algunas emociones consideradas negativas, como la envidia, los celos o la culpa, no son peligrosas en sí mismas (ya hemos comentado que las emociones no son buenas ni malas en sí), sino que se convierten en peligrosas cuando nos obligan a actuar o a pensar de una determinada manera. Por ejemplo: que yo sienta envidia de mi vecino por el coche que se ha comprado no es peligroso en sí, pero que yo no sepa controlar esa emoción hasta el punto de que me lleve a cometer un acto vandálico –como pincharle las ruedas del coche–, sí lo es.

Una cosa es aceptar que en determinados momentos sentiremos envidia, y otra es creer que actuar arrastrados por esa envidia nos va a traer algún tipo de beneficio.

Cómo ayudar a nuestra envidia

La envidia es la frustración de no tener algo que deseamos y que otras personas sí tienen. Solemos sufrirla en silencio porque daña nuestra imagen y nos hace sentir vulnerables: detrás, hay una autoestima condicionada y un sentido infantil de la justicia. ¿De justicia? Sí, porque pensamos: «¡no es justo que nuestro vecino, con lo tonto que es, gane más que nosotros!».

El gran problema de la envidia (además del mal rato que nos hace pasar) es que condiciona nuestra satisfacción a lo que le sucede a otra gente: nos frustramos cuando al vecino le va bien y liberamos un chorro de dopamina cuando le va mal. ¡Eso significa que le cedemos el control de nuestro propio bienestar! ¿No te parece algo absurdo y peligroso?

Por suerte, la envidia se puede amansar. Quizás no desaparezca por completo, pero podemos hacer que se vuelva menos tóxica. ¿Cómo?

Primero, hay que interrogarla: ¿Qué es lo que nos molesta tanto? ¿Es la carencia del objeto en sí, o es sentir que quien lo tiene no lo merece tanto como nosotros? ¿Por qué no lo merece? ¿Y por qué, si nosotros lo merecemos más, no lo tenemos? ¿De quién depende?

Después, llegamos a la pregunta del millón: ¿Hay algo que podamos hacer para obtener eso que envidiamos? Si es que sí, hay que ponerse a trabajar. Si es que no, hay que tratar la frustración como si fuera una pérdida, como un pequeño duelo.

Si envidiamos la relación de pareja que tiene nuestro hermano, en vez de sabotearla o descargar la frustración en nuestra pareja, veamos qué está en nuestras manos hacer para mejorar la nuestra. Si envidiamos el dinero de otro, tal vez es momento de replantearnos nuestro trabajo o, mejor aún, nuestro concepto de la felicidad.

En el momento en que empezamos a trabajar en ello, la envidia desaparece. Parece cosa de magia, pero no lo es.

La envidia es una llamada a la acción, pero no hacia los demás sino hacia uno mismo.

Los celos, una cárcel sin sentido

Aunque a menudo se confunden, celos y envidia no son lo mismo. Mientras la envidia es el deseo de algo que no se tiene, los celos son el miedo a perder algo que sí se tiene: el amor de alguien. Sienten celos los niños cuando su mamá es cariñosa con el hermanito, los perros cuando ven que su amo atiende a otro animal y la mayoría de las personas cuando ven que su pareja ha despertado el interés de un tercero. Son el miedo a que la otra persona descubra que hay *alguien mejor* a quien dar su amor y nos lo retire a nosotros.

Los celos hablan de nuestro concepto del amor y de nuestra dependencia emocional. La vacuna es, de un lado, entender que no podemos obligar a nadie a que nos elija (el amor se ofrece voluntariamente y en libertad) y, por el otro, trabajar nuestra dependencia. Esto último va de preguntarnos qué pasaría si llegáramos a perder el amor de esa persona. ¿Cómo nos sentiríamos? ¿Qué dice eso de nosotros? Si realmente eso puede hundirnos, ¿no será que hemos dejado nuestra felicidad en manos de terceros? ¿O los celos son porque nos sentimos inferiores y nos aterra que la gente lo descubra?

Nuestra pareja tiene derecho a dejarnos por otra persona. Es así. Puede ser muy doloroso, pero nadie es de nuestra propiedad. También nosotros somos libres de dejarla.

No estoy defendiendo la falta de compromiso, los engaños o el egoísmo. Estoy diciendo que los celos son inútiles porque si alguien está con nosotros es porque nos ha elegido. Mientras esté con nosotros no tienen sentido los celos, puesto que son una falta de respeto a la relación y a la confianza en esa persona. Y si esa persona decide engañarnos o marcharse, tampoco merece la pena sentir celos porque no harán que la situación cambie.

Por eso, al margen de lo que suceda a nuestro alrededor, los celos son una cárcel que nos construimos a nosotros mismos.

Los sentimientos de culpa

Hay algo claro: nadie puede quererse a sí mismo mientras lo esté devorando la culpa.

La culpa es el malestar que sentimos por saber que, en cierta ocasión, actuamos mal cuando podríamos haber actuado bien. Es el autorreproche moral.

Pero la culpa también es una poderosa arma de manipulación. En un ambiente donde los límites de la responsabilidad personal están confusos y la autoestima de un sujeto, tocada, es sencillo culpabilizarlo con el fin de sacarle algo a cambio de la «redención». Entonces la culpa se convierte en el billete hacia el chantaje emocional.

Tanto si la culpa se lleva en solitario como si da pie a que otra persona la explote en su propio beneficio, es contraria a nuestro crecimiento personal y no avanzaremos hasta que no la tratemos.

¿Cómo se hace esto?

Vamos con la primera situación: cómo superar el sentimiento de culpa por una mala acción que hicimos. Es un proceso de 5 pasos:

1. **Lo admitimos sin matices.** Sí, actuamos mal, perjudicamos a otras personas y nos sentimos mal por ello. Y sí, fue un vergonzoso error, aunque en ese momento tal vez nos supuso algún beneficio del que ahora nos arrepentimos.

2. **Intentamos comprender por qué actuamos así.** No buscamos una excusa para salir vencedores, buscamos entender lo que esperábamos conseguir con ese acto con el fin de no repetir el error.

3. **Pedimos perdón a las personas que perjudicamos, con sinceridad y sin «peros».** No vale decir: «Lo siento, es que soy así» o «Perdóname, pero esto no habría pasado si tú no…».

4. **Emprendemos todas las acciones posibles para tratar de reparar el daño causado.** Si fue una cuestión de dinero, se devuelve, si se traicionó la confianza de alguien, se intenta reconstruir con tiempo y sacrificio, si consistió en pisar a alguien para llevarnos el mérito, renunciamos a ese mérito y lo exponemos públicamente.

5. **Nos comprometemos a no repetir ese acto, y cumplimos nuestra palabra.** Que alguien nos perdone no nos da carta blanca para repetir la mala acción.

Es posible que, con todo ello, nos sigamos sintiendo mal o la otra persona no quiera perdonarnos (está en su derecho). Pero habremos hecho todo lo que está en nuestra mano por compensar y mejorar, y eso aliviará la culpa con el tiempo.

¿Y qué pasa cuando nos han hecho sentir culpables de algo de forma injusta o interesada?

Lo que sucede entonces es que cargamos con la culpa sin ser conscientes de que no fuimos nosotros los que actuamos mal, o bien de que alguien está usando eso para explotarnos.

Aquí es importante saber dónde están los límites de nuestra responsabilidad. Y aquí juega un papel básico la educación recibida, no solo en nuestro hogar sino también en la escuela y en nuestra cultura: si nos educaron en la culpa, es más fácil que, como adultos, vivamos constantemente culpabilizados.

En este sentido son muchos los expertos, desde Nathaniel Branden hasta Luis Rojas

Marcos [8], que señalan la educación bajo el amparo de la Iglesia como una potente generadora de culpa. Estoy de acuerdo con ellos: cuando una religión predica la total abnegación argumentando que somos culpables por el simple hecho de existir (¡somos hijos del pecado original!), esa religión atenta contra nuestros derechos más esenciales como seres humanos.

Lo mismo sucede con cualquier persona que aprovecha nuestros fallos (reales o supuestos) para sangrarnos: nuestra pareja, nuestra familia, nuestro jefe, nuestro tutor, etc. Nadie tiene derecho a fomentar o explotar nuestros sentimientos de culpa en su propio beneficio.

---

[8] 8 Un psicólogo y un psiquiatra con trabajos muy importantes en los campos de la autoestima y la felicidad, respectivamente.

Resumen:

— Que aceptemos nuestras emociones no significa que tengamos que vivir prisioneros de ellas, y mucho menos que sean ellas las que decidan nuestras acciones.

— La envidia es una llamada a la acción, pero a la acción en positivo.

— Los celos son una cárcel que nos construimos a nosotros mismos al margen de lo que sucede a nuestro alrededor.

— El sentimiento de culpa es personal e intransferible. Aprender de las malas acciones y reparar el daño es el camino para aliviarlo.

— Nadie tiene derecho a explotar tu sentimiento de culpa en beneficio propio.

Ejercicio del día:

<u>¡TENGO MUCHA ENVIDIA!</u>

1.	Hoy vamos a intercambiarnos los papeles: tú serás mi terapeuta y yo, tu paciente. Como paciente, mi problema es que siento una envidia muy intensa y enfermiza por la gente rica.

2.	Con la información de este libro y tus propios recursos, ¿serías capaz de diseñar una estrategia para ayudarme? ¿Qué me dirías? ¿Qué pensamientos crees que debería cambiar?

3.	Este ejercicio tiene como objetivo, por un lado, naturalizar las emociones consideradas vergonzosas o propias de gente débil, y por el otro, que tú mismo te animes a crear tus propias estrategias de autocuidado emocional.

Tu viaje hasta aquí es válido

Todos tenemos un pasado. Y en todos los pasados hay episodios oscuros, tristes o crueles. De hecho, por mi experiencia diría que la mayoría de las personas arrastramos culpa o vergüenza por ciertos momentos de nuestra vida. Pero eso no debe ser un impedimento para amarnos y aceptarnos sin condiciones desde ya.

¿Sabes por qué?

Porque el pasado es el lugar del que aprender, no el lugar donde vivir.

¿Y sabes por qué más?

Porque, como terapeuta, me parecería perfecto que dedicaras el día entero a pensar en tu pasado si no fuera porque tienes algo mucho más importante que hacer: ¡pensar en tu presente y en tu futuro!

El pasado es nuestra hemeroteca, y está a nuestra disposición siempre que queramos consultarla. Pero no tenemos que cargar con ella cada día a todas horas: no se va a mover ni nadie nos la va a robar.

Sea feliz o doloroso, tu pasado está bien como está. Y no estoy sacando importancia a los traumas ni a las injusticias que tal vez sufriste, como tampoco resto importancia a ninguno de los momentos felices que has vivido: lo que digo es que el pasado no se va a mover. Somos nosotros los que debemos movernos: si nos hace sufrir en el presente, deberemos trabajar una nueva manera de relacionarnos con nuestros recuerdos.

Puedes ser feliz y amarte incluso con un pasado triste. Incluso si aún no has conseguido superar las secuelas que te dejaron algunos golpes. No tienes que esperar a «estar limpio» para abrazar tu vida. Cada vez que te despiertas por la mañana, estás limpio.

Date permiso para no ser capaz de superar algo ahora mismo. Puede que lo superes en el futuro. Hoy, simplemente, no te invalides ni te fustigues por ello.

Tú no eres tus errores

¡Vaya! Resulta que cuando examino mi vida me doy cuenta de que... ¡está llena de errores! ¿Cómo pude fallar en eso y en aquello? ¿Cómo pude actuar así? ¡Qué torpe, qué idiota fui!

Podría estar así todo el día. Y lo que he aprendido con la experiencia propia y de otra gente es que lo que más nos avergüenza no son los grandes errores de nuestra vida (esos los contextualizamos con cierta compasión), sino el sinfín de descuidos, tropiezos, ridículos, confusiones, excesos de inocencia o de arrogancia, actos patéticos y declaraciones fuera de lugar que tenemos grabadas a fuego en nuestra memoria.

Nuestra vida está plagada de errores, pero también de aciertos. ¿Por qué nos identificamos más con los primeros?

Las personas odiamos cometer errores porque creemos que los errores nos definen. Sin embargo, quienes alcanzan el éxito saben que los errores son solo fruto de las acciones.

Se estima que la mayoría de nosotros necesitamos tres aciertos para compensar emocionalmente un error de calibre parecido. ¡Es agotador!

¿Qué hacemos entonces? Debemos tomarlo con la misma actitud que un científico trabaja para conseguir una vacuna: prueba, comprueba el resultado, si no es válido intenta otra variante y vuelve a probar hasta dar con la opción correcta.

Deja ir

Si fueras un globo aerostático, te diría: «¡Suelta lastre y volarás!».

No somos globos, pero el consejo sirve igual: suelta lastre, di adiós, cierra ciclos. No esperes a que sea «el momento» para dejar algo atrás. Permítete dar un mal cierre a algo. De hecho, algunas cosas quedarán rotas a tu paso y tendrás que abandonarlas sin poder darles un buen final: una relación, un proyecto inacabado, una aventura que no fue, una última vez, una promesa que no pudimos cumplir... Es una lástima y me gustaría que no fuera así, pero a veces será inevitable.

Enfócate en las próximas aventuras, proyectos y relaciones, y en tus ganas de que esta vez salgan bien. Es lo único que podemos hacer por el lastre que no nos deja volar.

Para terminar, te dejo con una cita de Carl Brand: «Aunque nadie puede volver atrás y crear un nuevo comienzo, todos podemos comenzar desde ahora y hacer un gran final».

Resumen:

–   El pasado es algo que se tiene, no algo que se *es*.

–   El pasado es el lugar del que aprendemos, no el lugar donde vivimos.

–   Los errores forman parte de la vida, pero no nos definen. Son los frutos que dieron algunos de nuestros actos: nosotros no somos el error.

–   Nuestra vida está plagada de errores, pero también de aciertos. No nos identifiquemos más con los primeros que con los segundos.

Ejercicio del día:

<u>TRASLADA TU PASADO A OTRA PERSONA</u>

1.   Identifica un evento del pasado que te cueste aceptar. No tiene que ser necesariamente traumático, puede ser un simple suceso que te avergonzó.

2.   Ahora imagina que ese evento no lo viviste tú, sino alguien a quien tú amas: tu madre, tu pareja, tu hijo... Y que las emociones que tú sientes las está sufriendo esa persona. ¿Verías justificado su sufrimiento? ¿Cómo la ayudarías a sentirse mejor?

3.   Si te acostumbras a analizar los momentos de tu pasado como si los hubiera vivido una persona que te importa, enseguida relativizarás tu propia culpa o vergüenza acerca de ellos y empezarás a juzgar tu pasado con más compasión.

¡Un respeto!

Vamos a dedicar las jornadas centrales de nuestro *bootcamp* al concepto más importante que se asocia a la autoestima: el autorespeto.

En contra de lo que sucede con la autoestima (todo el mundo sabe qué es, todo el mundo habla de ella), el autorespeto sigue siendo el gran desconocido del ámbito del crecimiento personal. Y es absolutamente imprescindible.

Desde pequeños nos enseñan a respetar a los demás. Nuestros padres y maestros nos regañan si nos portamos mal con otros niños o no compartimos nuestros juguetes, y eso está genial, pero a veces se pasa por alto la parte esencial de reconocer los propios derechos.

Cuando nos educan para ser obedientes, para gustar a los demás, para hacer cosas sin tener en cuenta cómo nos sentimos, para soportar injusticias o para creer que somos insuficientes, aprendemos a invalidarnos y a rechazar nuestras necesidades. Como resultado, acabamos por faltarnos al respeto o permitiendo que otros lo hagan. Nuestro cuidador interno nos traiciona.

Auto respetarnos es vivir sabiendo que tenemos una serie de derechos inalienables que no dependen de nuestros éxitos, de la obediencia que mostremos o de lo útiles que seamos a los demás. Practicar el autorespeto es no renunciar a esos derechos, caiga quien caiga.

Incluso si somos conscientes de ello, no siempre sabemos cómo cambiar las cosas para exigir respeto. En las próximas páginas veremos cómo respetarnos a nosotros mismos y cómo exigir a los demás que lo hagan.

Créeme: muchas cosas cambian cuando por fin aprendemos a decir «yo no merezco esto».

Tus derechos emocionales

Todas las personas nacemos iguales y con el mismo derecho a buscar no solo la propia supervivencia sino también el propio bienestar.

Para ello, es imprescindible que podamos expresar y defender necesidades, deseos y opiniones sin sufrir represalias por ello. Es lo que se conoce como asertividad, y da lugar a una «carta»[9] de derechos emocionales:

1. El derecho a ser tratado con respeto y dignidad.

---

[9] La autora de esta carta de derechos emocionales es la psicóloga Olga Castanyer, una de las mayores especialistas en asertividad.

2.   El derecho a tener y expresar los propios sentimientos y opiniones.

3.   El derecho a ser escuchado y tomado en serio.

4. El derecho a juzgar las propias necesidades, establecer prioridades y tomar decisiones propias.

5.   El derecho a decir «no» sin sentir culpa.

6. El derecho a pedir lo que se desea, entendiendo que el interlocutor también tiene derecho a decir «no».

7.   El derecho a cambiar.

8.   El derecho a cometer errores.

9. El derecho a pedir información y ser informado.

10. El derecho a obtener aquello (artículo, servicio, cobertura), por lo que se pagó.

11. El derecho a decidir no ser asertivo (sin pisar los derechos de los demás).

12. El derecho a ser independiente.

13. El derecho a decidir qué hacer con el propio tiempo, cuerpo, propiedades, etc.

14. El derecho a tener éxito.

15. El derecho a gozar y disfrutar.

16. El derecho al descanso y al aislamiento.

17. El derecho a superarse a uno mismo, aún superando a los demás.

Tal vez pensarás: «¡Pero si estos derechos se pisan continuamente!». Es cierto. Pero que se pisen no significa que no existan. Sea cual sea la situación, nunca creas que no tienes derecho a ellos.

El conocimiento de esta carta de derechos es, sobre todo y principalmente, para ti, y funciona como termómetro del ambiente en el que estás.

Resumen:

– Todas las personas nacemos iguales y con el mismo derecho a buscar no solo la propia supervivencia sino también el propio bienestar.

– Cuando nos educan para ser obedientes, para gustar a los demás, para soportar abusos o para creer que somos insuficientes, aprendemos a rechazarnos como personas plenas.

– Tenemos una serie de derechos emocionales de los que debemos ser conscientes.

Ejercicio del día:

TUS LÍNEAS ROJAS

1. Basándote en lo expuesto sobre derechos emocionales y en tus propios recursos, piensa en situaciones donde tus derechos podrían verse comprometidos. Por ejemplo: una solicitud inapropiada (de intimidad, de excesiva confianza, de actividad ilícita o ilegal, de abuso laboral, etc.).

2. Decide cómo responderías «no» a esa solicitud de forma diplomática y sin traicionarte a ti mismo.

3. Acostúmbrate a realizar este ejercicio a menudo, aunque sea mentalmente y en situaciones inventadas: poco a poco, la práctica del autorespeto se volverá cada vez más natural, hasta el punto en que sabrás defender tus derechos emocionales casi sin darte cuenta.

Defiende tus límites

Ahora que ya entiendes el autorrespeto en el plano teórico, debes ponerlo en práctica. Llega el momento de defender tus límites personales ante los demás. Y eso se hace en cuatro pasos:

1. Informar.

2. Pedir.

3. Insistir.

4. Alejarte.

Antes, una advertencia: los límites no se ponen para las otras personas, se ponen para uno mismo. No tienen como objetivo que el otro cambie (si es así, ¡mucho mejor!), sino marcar dónde cambiaremos nosotros, es decir: dónde diremos basta. Los límites son para nosotros.

Supongamos que alguien de tu entorno tiene un trato despectivo hacia ti. Lleva tiempo haciéndolo, así que los demás creen que a ti no te molesta. Nadie espera que exijas un cambio a estas alturas.

Pero un día le comunicas educadamente a esa persona que eso te molesta **(Paso 1)**. No tienes que pedirle que pare ni darle mil explicaciones sobre por qué te molesta. Tampoco debes exponerle qué tienes pensado hacer si no se detiene. El paso 1 es solo informar.

Esa persona se detendrá... o no. Si no lo hace, hay que ir al Paso 2.

Paso 2: Le pides a esa persona lo que ya tendría que haber hecho: detener ese comportamiento. Esta vez, lo dejas por escrito o por mensaje de voz (email, WhatsApp, etc.). Esa persona se pondrá a la defensiva: «Pero ¿por qué? ¿Qué es lo que tanto te molesta?». No hay que contestar a nada, no estás en un debate.

Esa persona por fin se detiene... Aunque solo por un tiempo. O cambia la táctica, pero sigue violentando tus límites. Hay que ir al Paso 3.

Paso 3: Insistir. Insistir tiene por objetivo transmitir al otro que tú no vas a detenerte y que vais a salir perdiendo los dos si no cambia (en realidad, tú no vas a perder, pero eso el otro no lo sabe). Esta vez, trata de obtener pruebas de sus respuestas y su comportamiento (es fácil con el móvil). Él o ella debe sentir que tú estás dispuesto a abandonar tu trabajo, tu familia o tu relación si esto sigue. No discutas, no sobre expliques, solo recuérdale que ya le has pedido educadamente que cambie y no lo ha hecho. No tengas miedo al escándalo, incluso si te da mucha vergüenza.

Si sus reacciones son del tipo: «¡Estás loco!», «¿Esto también te molesta?», «¿Me vas a decir tú lo que puedo hacer?», y sigue sin respetarte, vas al último paso.

Paso 4: Alejarte. Cortar los lazos. Si es un miembro de tu familia, deja de tratarte con él y con toda la gente que no se posicione abiertamente de tu parte (nadie merece estar cómodo si tú estás siendo violentado). Si es un colega del trabajo, expones la situación a un superior y le comunicas tus intenciones de dejar el trabajo ya mismo. Dimites. Te levantas de la mesa. Agarras tus cosas y te vas. Te alejas.

No escuches propuestas que te inviten a «la mediación», o a «hacer las paces». El tiempo de la mediación ya pasó, era el paso 1.

En cualquier lugar o situación, si la paz es a costa de rebajar tu dignidad o tu libertad, ese lugar no merece ni la paz ni a ti.

Resumen:

– Los límites personales deben ser siempre respetados, aunque no siempre es así.

– Los límites personales son para uno mismo, es decir: para indicarnos dónde diremos «basta».

– En cualquier lugar o situación, si la paz es a costa de rebajar tu dignidad o tu libertad, ese lugar no merece ni la paz ni a ti.

– Los cuatro pasos para defender tus límites cuando alguien no los está respetando son, en este orden: 1) Informar de que no estamos siendo respetados, 2) Pedir un cambio de actitud para reparar la situación, 3) Insistir una vez más en ello, y 4) Alejarnos.

Ejercicio del día:

<u>EL VECINO ABUSIVO</u>

1. Imagina que un nuevo vecino se ha mudado a tu edificio con tres perros que ladran y ensucian constantemente, y no respeta la convivencia vecinal.

2. Basándote en los cuatro pasos para defender tus límites que hemos explicado en este capítulo, diseña un plan para hacerle frente a este vecino. Recuerda no ceder ante ningún razonamiento del vecino abusivo, por más lógico que pueda parecer.

3. Al practicar este ejercicio en situaciones de tu vida diaria, te volverás más ágil para prever conflictos y respuestas abusivas, y estarás más preparado para hacerles frente.

Protege tu tiempo, protege tu espacio

Del mismo modo que debemos delimitar las horas que dedicamos al trabajo y a las obligaciones, debemos blindar nuestro tiempo libre para invertirlo en lo que nosotros queramos.

Si eres como la mayoría, dispones de una serie de horas a la semana para dedicarlas al ocio. En esas horas normalmente socializamos, y es bueno que así sea, ya que los buenos momentos son mejores en compañía. Pero, una vez más, hay que ponerse por delante.

A continuación, te dejo mis **Diez Mandamientos** del tiempo libre. Por supuesto, puedes añadir o cambiar los que te parezca:

1. No perderás el tiempo discutiendo con desconocidos o gente que no volverás a ver.

2. No saldrás si no te apetece.

3. No te quedarás hasta tarde si solo te apetece tomar una copa y retirarte pronto.

4. No accederás a pasar tiempo libre con personas que no te interesan.

5. No participarás en fiestas o tradiciones que van contra tus valores.

6. No estás obligado a contestar siempre a la gente en los medios sociales o las redes, ni a tener opinión de todo.

7. No intimarás más que hasta donde tú quieras intimar.

8. No dejarás que te conozca gente que no te apetece que te conozca.

9. No renunciarás por sistema a actividades que disfrutas.

10. No darás por hecho que todo tu tiempo libre le pertenece a tu pareja / tu familia / tu partido / tu grupo de amigos.

Blinda tu hogar, blinda tus cosas

Tu hogar es tu refugio. Dedica tiempo a ponerlo a tu gusto, hay mil maneras de hacer que tu casa sea parte de ti. Si lo compartes, negocia para que todos os sintáis bien en el lugar donde vivís.

Tu casa debe ser el lugar donde tú y los tuyos os sintáis más cómodos del mundo. No debe ser digno de una portada de una revista decoración (si es así y te funciona, ¡genial!).

En vez de tener un hogar «complaciente» con los demás, esfuérzate por tenerlo cuidado, limpio y ordenado para ti. ¿Por qué? Porque eso hace más por tu autorrespeto que la aprobación de los decoradores espontáneos. Además, una casa despejada y en orden permite ahorrar mucho tiempo, es más fácil de mantener económicamente y favorece tanto el descanso como la alegría y la concentración.

Por otro lado, el autorrespeto también se expresa mediante tus propias costumbres y manera de hacer las cosas en tu casa, desde la forma de celebrar la Navidad o de decorar la casa por Halloween hasta declarar los miércoles día de pizza casera. Como decía aquel famoso eslogan de una tienda de muebles: «Bienvenido a la República Independiente de Tu Casa».

Con esto no estoy diciendo que yo vaya a ser inflexible en mi «reino»: si invito a alguien a cenar y sé que no come carne, no cocinaré carne porque lo que quiero es que se sienta a gusto como invitado mío. Creo que ya entiendes lo que quiero decir.

Resumen:

– Tu tiempo libre es tuyo. Compartirlo implica negociación, pero no traicionarte siempre a ti mismo.

– No des por hecho que todo tu tiempo libre le pertenece a tu pareja / tu familia / tu partido político / tu grupo de **amigos**.

– Tu hogar es otra expresión más de tu forma de cuidarte y quererte a ti mismo. Trátalo con respeto.

Ejercicio del día:

¿CON QUIÉN HABLAS?

1. Repasa los Diez Mandamientos del tiempo libre y selecciona el o los mandamientos en los que fallas más. Por ejemplo: «Me engancho en discusiones con desconocidos en las redes sociales» (Primer mandamiento).

2. Busca y propicia una situación donde suelas lanzarte a discutir (ante una noticia polémica, tras un resultado deportivo injusto, etc.). Sé consciente de ese momento.

3. Decide conscientemente renunciar a comentar nada por muchas ganas que tengas. ¿Cómo te sientes en ese instante? ¿Y al cabo de un día? ¿Era realmente importante participar en la discusión? Apunta todo eso para recordarlo en el futuro, cuando estés tentado de caer en lo mismo.

No seas complaciente

Encajar en sociedad es tan complicado que muchas veces inventamos estrategias para ser aceptados en uno u otro grupo social, empezando por nuestra familia y terminando por nuestras relaciones más superficiales. Nos convertimos entonces en los *people pleasant*: los complacientes.

Desgraciadamente, muchos adultos han aprendido a ser complacientes durante su infancia: unos padres inestables o abusivos llevan a los pequeños a sentir la obligación de complacer para ser queridos, incluso a costa de sacrificar su dignidad y quien realmente eran.

Una persona complaciente es, básicamente, una persona asustada. Vive con miedo a quedarse fuera o a que alguien descubra *su verdadero interior*. La realidad es que ninguna de las dos cosas (quedarse fuera de un grupo o mostrar el verdadero yo) son tan perjudiciales como lo es vivir para gustar a los demás.

Por supuesto que a todos nos gusta complacer en muchas ocasiones. De hecho, es necesario no solo para la convivencia, sino para el propio crecimiento personal. Pero debe ser un acto libre, no la consecuencia de un chantaje.

¿Cuándo complacer a los demás es un acto libre y cuándo es fruto del chantaje?

La diferencia está en el sabor de boca que nos deja: incluso si el acto en sí es el mismo (un inocente favor que nos pide un familiar, por ejemplo), cuando las emociones que nos deja son positivas —nos sentimos a gusto con nosotros mismos, orgullosos y contentos—, es un acto libre. Si las emociones son más confusas – notamos alivio mezclado con inseguridad o sensación de traición a nosotros mismos–, entonces mucho ojo a lo que estamos haciendo.

¿Cómo dejo de ser complaciente?

Lo primero es observarte y empezar con pequeños cambios. Por ejemplo: no finjas tus gustos y preferencias en materia de ocio y tiempo libre. No asegures que tal restaurante o serie de televisión te encanta si te parecen nefastos. Deja de participar en actividades que no te apetecen si compruebas que nunca tienes la oportunidad de hacer las que sí te apetecen. Luego, prueba a proponer tú un plan o cambio y observa la reacción de tu entorno. Si tus iniciativas son siempre descartadas, no te enfades: solo prepárate para marcharte de ahí.

No te comportes de una manera que te hace sentir incómodo solo porque «siempre ha sido así» o porque «si no lo hago, se enfadarán».

Si solo te quieren de una manera, en realidad no te quieren de ninguna.

La familia no lo es todo

Mucha gente ha tenido la gran suerte de crecer en un entorno familiar sano y funcional. Y cuando digo «funcional» me refiero a que *funcione*: sea una familia tradicional o monoparental, rica o modesta, con miembros sanos o que convive con alguna enfermedad; funcional significa que se adecua a las circunstancias para garantizar el bienestar y el correcto desarrollo de todos sus miembros por igual.

Por desgracia, otra gente no ha tenido esa suerte.

Cuando la familia es sinónimo de comportamiento abusivo, trato denigrante, negligencia, coacción, violencia o amor con condiciones, la familia no lo es todo. Es más: a esa familia no le debemos nada.

Incluso si esa familia te pagó los estudios o te organizaba bonitas fiestas de cumpleaños cuando eras pequeño, si eso suponía pagar un precio injusto por tu parte, esa familia no merece tu lealtad.

Tampoco debes nada a tu familia amorosa y funcional: el amor que devuelves debe ser voluntario, no el pago de una deuda.

Quiero aclarar que yo amo a mis padres y los cuidaré siempre, porque quiero ser así con ellos. No estoy fomentando lo contrario. Pero jamás le diría a un paciente que tiene la obligación de amar a sus padres si siente que ellos no fueron justos ni respetuosos con él.

No declares la guerra a tu familia si eso te va a hacer sentir peor. Aléjate en silencio y, si no te ves capaz de hacerlo físicamente, espacia los encuentros y aléjate emocionalmente. No sigas sometido a lo que esperan de ti o a lo que «siempre ha sido así en esta familia».

Los hijos no son una inversión de futuro, ni un negocio del que vivir y sacar beneficios materiales ni emocionales. No son propiedad de los padres.

Resumen:

– No te quedes en un sitio que te incomoda solo porque «siempre ha sido así».

– Si solo te quieren de una manera, en realidad no te quieren de ninguna.

– El amor con condiciones abusivas, el amor a medias o el amor intermitente no merece tu amor incondicional: merece tu alejamiento.

– Hay vida más allá de la familia de origen. Tu verdadera familia será la que tú decidas crear con miembros que se aman y respetan, lleven o no tus apellidos.

– Los hijos no son propiedad de los padres.

Ejercicio del día:

<u>LO HAGO PORQUE QUIERO</u>

1. Piensa en una situación pasada donde hiciste algo por los demás. No tiene que ser algo muy importante: una ocasión en que fuiste a esperar a tu amigo al aeropuerto, una ocasión en que ayudaste a un vecino, una ocasión en que preparaste la barbacoa para toda tu familia.

2. Recuerda todas las emociones que sentiste relacionadas con el suceso, tanto al hacerlo (ilusión, orgullo de ti mismo, ira, enfado, contrariedad, etc.), como al recibir el *feedback* de los demás (te sentiste bien, estafado, menospreciado, importante, etc.).

3. Basándote en lo anterior, decide ahora si tendrías que haber hecho lo que hiciste, y si lo volverías a hacer. Con la práctica, serás capaz de tener grandes gestos con los demás sin caer en la obligación de complacer para gustar.

¿Qué harías si no tuvieras miedo?

Suelo hacer esta pregunta a mis pacientes cuando no tienen claro su camino o no se atreven a cambiar una situación que les perjudica.

Sus primeras respuestas a la pregunta «¿Qué harías si no tuvieras miedo?» suelen situarse en dos polos opuestos: o son muy comedidas («supongo que dejaría pasar un tiempo y luego volvería a pedir ese aumento de sueldo»), o son absolutamente disparatadas («contrataría a un matón para que le diera una paliza a mi jefe»). Yo los animo a que suelten locuras para que salgan sus verdaderos deseos y necesidades, silenciados durante tanto tiempo de ser «correctos».

Las respuestas entonces llegan acompañadas de brillo en los ojos: «Si no tuviera miedo, dimitiría y crearía mi propia consultoría», «Si no tuviera miedo, le diría a mi pareja que quiero volver a vivir en mi ciudad», «Si no tuviera miedo, invitaría a esa persona a salir».

Recuerdo el caso de Alberto, un abogado que deseaba hacer un cambio profesional, pero no se atrevía a decírselo a su pareja porque eso suponía traer menos dinero a casa. La cuestión es que Alberto llevaba muchos años trabajando en un bufete que le hacía infeliz. Él soñaba con montar su propio despacho de consultoría y para abogados jóvenes, pero no podía hacerlo si, a la vez, quería mantener el tren de vida al que él y su mujer estaban acostumbrados.

Cuando estuvo convencido de que ese cambio era muy importante para él, trabajamos en la mejor manera de decírselo a su pareja para que el cambio deseado no se convirtiera en un conflicto. Llegado el momento, se armó de valor y se lo contó. Fue directo al grano («quiero hacer esto»), y cuando ya se disponía a desplegar toda la batería de argumentos que tenía preparados para rebatir las objeciones de su mujer, ella lo detuvo y solo preguntó: «¿Eso te haría feliz?». Cuando él respondió que sí, ella no necesitó nada más. A la hora de cenar, estaban los dos animadísimos con el nuevo proyecto.

Él había pasado años sin decir nada por miedo a algo (el rechazo de ella) que jamás ocurrió.

Si lo que necesitamos, si lo que queremos es de justicia o es algo bueno y no nos atrevemos a ir tras ello, hay que preguntarse a qué le tenemos tanto miedo. Porque quizás estamos perdiendo oportunidades por miedos que están más en nuestra cabeza que en la realidad.

La relación con la autoridad

Para vivir en paz debemos reivindicar nuestra libertad, lo que no significa vivir al margen de la organización social que nos sostiene: hay que encontrar el equilibrio entre nuestra libertad individual y el respeto a la autoridad.

Todas las civilizaciones tienen sus figuras de poder, que son las encargadas de preservar la comunidad mediante el cumplimiento de sus leyes.

Sin embargo, el poder corrompe y hace entender a quien lo disfruta que merece privilegios. La difícil tarea de «vigilar al vigilante» desencadena entonces los abusos de poder que ya conocemos y que se dan en absolutamente todas las capas sociales, desde las familias hasta los sindicatos pasando por las comunidades religiosas.

En las situaciones de abuso de poder, lo peor no es lo que hace el poderoso sino lo que obliga a hacer a los demás. Si someterte a la autoridad te crea problemas de integridad, es momento de analizar qué está sucediendo y qué puedes hacer para reequilibrar las fuerzas.

Como sociedad, estoy convencido que podemos aspirar a algo mejor que actuar por miedo al líder en vez de por responsabilidad personal. La historia ha demostrado que el bienestar colectivo, el progreso y la paz se consiguen en comunidades cuyos miembros se tratan con respeto mucho más que en sociedades donde se fomenta el sometimiento a la autoridad bajo amenaza de castigos. Al fin y al cabo, autoridad y autoritarismo no son lo mismo.

Resumen:

— Si lo que necesitamos o lo que queremos es de justicia o es algo alienado con nuestros intereses y no nos atrevemos a reclamarlo, hay que preguntarse qué nos paraliza: quizás estamos perdiendo oportunidades por miedos que están más en nuestra cabeza que en la realidad.

— Para vivir en paz hay que encontrar el equilibrio entre nuestra libertad individual y el respeto a las normas establecidas.

— Las personas estamos llamadas a vivir como seres organizados en vez de subyugados.

— La historia ha demostrado que el progreso y la paz se consiguen en comunidades cuyos miembros se tratan con respeto mucho más que en sociedades donde se fomenta el castigo y la ley del más fuerte.

Ejercicio del día:

EL «NO» YA LO TIENES

1. Es frecuente que perdamos oportunidades de todo tipo por miedo al «no». En este ejercicio vamos a exponernos a ese «no» pidiendo pequeños favores a la gente de nuestro alrededor. Por ejemplo: vamos a pedir una tacita de arroz a un vecino, o una dirección por la calle a un desconocido, o algo especial en un restaurante. El objetivo no es incomodar a nadie, sino observar nuestras emociones cuando nos enfrentamos al miedo al «no».

2. Comprobarás que la mayoría de las veces obtendrás un sí, y unas pocas, un «no». Reflexiona entonces sobre si merecía la pena atreverte.

3. Con la práctica, empezarás a conocer y a manejar tus propios miedos cotidianos, y serás más consciente de tu relación con las

normas establecidas. Ello te permitirá modificar conductas si fuera necesario para sentirte mejor.

Vivir con objetivos

Aprovecho que hemos dedicado el día anterior al miedo para continuar con todo aquello que nos impide tener objetivos.

¿Por qué debemos tener objetivos?

La vida es acción. Querernos a nosotros mismos también es aprovechar el tiempo que tenemos para hacer cosas que merezcan la pena.

Las mayores dosis de felicidad proceden de los buenos resultados de nuestras propias acciones. Para ello, debemos tener objetivos vitales, propósitos, metas que nos inspiren.

Nathaniel Branden, un pionero en el estudio de la autoestima, indicaba que uno de sus pilares fundamentales es vivir con propósito, es decir: llenar nuestra vida de significado. Y no es necesario que el propósito de vida sea de enorme importancia para la Humanidad: basta con que tenga sentido para nosotros.

¿Qué son los propósitos de vida?

Los propósitos de vida (también significados o motivaciones profundas), son las razones últimas por las que vivimos. Son las misiones personales y voluntarias que nos ayudan a saber quién somos y cuál queremos que sea nuestro lugar en el mundo. Ellos guían nuestras decisiones y no pueden ser impuestos por terceras personas.

Si quieres estar orgulloso de ti, si quieres irte a dormir cada noche lleno de esperanza, busca objetivos. Visualízate dentro de un año, o de diez. Visualízate como un anciano de 90 años, que se siente feliz. ¿Por qué debería estar feliz? ¿Qué ha conseguido ese anciano en esos 90 años?

Todos tenemos algo que deseamos profundamente. Algo que nos gusta hacer o que podemos estar haciendo durante horas. Cuando podemos, hacemos de ello nuestro timón de vida. Con menos suerte, hacemos de ello algo que nos acompaña en nuestro tiempo libre.

¿Sabes qué es lo que se te da bien a ti, o lo que más deseas? ¿Está cerca de ser un propósito en tu vida? Ten presente que hacer algo que amas es razón suficiente para hacerlo, al margen de los resultados.

Ten un buen plan

¿Tienes planes? ¿Los sigues? ¿Te suelen salir bien?

Te lo pregunto porque yo antes solía actuar sin un plan. No porque creyera que no lo necesitaba sino porque no sabía cómo hacerlo. Me agobiaba con todo lo que tenía que organizar de antemano, me impacientaba, quería saltarme procesos y terminaba siempre en el punto de partida, o peor.

Luego aprendí a trazar planes eficaces. Y eso marcó la diferencia porque conseguía más logros con menos esfuerzo, y la sensación de satisfacción era mayor.

Por eso, te invito a que dediques tiempo de calidad a trazar planes para conseguir los objetivos que te propongas.

¿Qué debe incluir un buen plan?

1. Lo que te hayas propuesto mejorar o lograr en forma de objetivos concretos (no vale anotar «viajar», hay que incluir metas específicas).

2. Los posibles obstáculos (y sus soluciones, si las tienes. Las puedes ir apuntando a medida que las vayas encontrando).

3. Las contrapartidas: las cosas a las que tendrás que renunciar mientras dure el plan o de forma permanente.

4. Todo lo que vas a hacer para conseguirlos: los nuevos hábitos, horarios, fechas, cambios en tu dinámica de gastos, mejoras en tu autocuidado...

5. Todas las respuestas a todas las preguntas que seas capaz de prever ahora mismo.

No dudes en buscar asesoramiento para diseñar tu plan y pedir *feedback*. Hay un montón de perfiles profesionales que pueden ayudarte.

Seguidamente hay que estructurar esa información para convertirla en una sucesión de pasos. Algo así:

1.   Define la meta.

2.   Define tus valores, virtudes y fortalezas relacionadas con esa meta.

3.   Conoce el punto exacto del que partes ahora mismo.

4.   Apunta todo lo que implica conseguir esa meta.

5.   Ordena lo que has anotado en el punto anterior y otórgale tiempo de ejecución, paso a paso.

6. Ponte una fecha de inicio y una fecha aproximada de final.

Mi consejo es que lo pongas por escrito con esquemas, notas, colores o lo que necesites para hacerlo comprensible. Puedes usar una agenda, un diario, una pizarra, una secuencia de *post-it* o cualquier otro formato que te parezca eficaz[10].

---

10 He tratado este tema en profundidad en los libros *El poder de los objetivos*: www.danieljmartin.es/po

Acabamos esta jornada con una cita de Jim Rohn:

«Encuentro fascinante que la mayoría de las personas planifiquen sus vacaciones con mucho más cuidado que sus propias vidas. Quizás eso se debe a que escapar es más fácil que cambiar».

Resumen:

— Una vida plena y feliz no es posible sin tener claros nuestros propósitos vitales, aquellas razones últimas por las que nos levantamos cada día.

— Las mayores dosis de felicidad proceden de los buenos resultados de nuestras propias acciones.

— Todos tenemos algo que deseamos profundamente. Algo que nos gusta hacer o que podemos estar haciendo durante horas. Debemos tratar de no alejarlo nunca de nuestras vidas.

— Nuestros objetivos serán mucho más fáciles de conseguir si tenemos un plan realista para alcanzarlos.

Ejercicio del día:

TUS PROPÓSITOS DE VIDA

1.   En base a lo expuesto este día, decide cuáles son tus propósitos de vida (entre dos y cuatro). Por ejemplo: crear un hogar feliz, dejar huella en mi profesión, ser el mejor padre/madre posible, explorar mis límites en esta actividad, vocación, etc.

2.   Pregúntate si tu día a día está alineado con esos propósitos. En caso contrario, ¿qué deberías hacer para que fuera así?

3.   Traza un plan de acción para cada uno de esos propósitos y síguelo. Recuerda que puedes cambiar el rumbo, pero nunca detenerte.

Deja la procrastinación para mañana

Si queremos luchar por nuestros sueños y nuestras metas, hay algo de lo que debemos librarnos: la maldita procrastinación. Todos sabemos lo inútil y perjudicial que es, entonces ¿por qué caemos siempre en ella?

Profundicemos un poco en el asunto.

Constantemente recibimos ofertas de última hora y anuncios con efecto «*last call*»: ¡Últimos precios! ¡Aún estás a tiempo: últimas plazas! ¡Últimas entradas!... En las películas, el héroe consigue desactivar la bomba en el último segundo, y en las comedias románticas los protagonistas se dan cuenta de que se aman justo al final de la película, cuando uno sale a la carrera para impedir que el otro tome un avión. ¡Parece que todo lo que se logra en el último momento vale más y es más auténtico! ¿Por qué no dejar las cosas para el último momento nosotros también?

Procrastinar es perder tiempo y energía, además de someternos a una montaña rusa de emociones: subimos con la falsa satisfacción de estar «engañando al tiempo» cuando postergamos la tarea, seguimos con nerviosismo cuando intuimos que se nos echa el tiempo encima, bajamos hasta la culpa, la ansiedad y la vergüenza mientras luchamos a la desesperada contrarreloj y subimos a la euforia final si conseguimos llegar a tiempo.

La procrastinación nos agota mentalmente y crea un bucle que se retroalimenta: cuanto más cansados, más tentados estamos de dejar las cosas para el último minuto, lo cual nos estresa y nos cansa más todavía. Cada minuto de «placer» procrastinando se paga con muchos más minutos de estrés.

Por otro lado, la procrastinación indica un bajo nivel de compromiso: es como decir que, en el fondo, no nos importa hacer las cosas regular o directamente mal en lugar de hacerlas bien. Pero ¿por qué preferimos hacer las cosas mal?

La respuesta está en algún punto escondido de nuestro cerebro. Allí hay una voz que nos felicita por hacer las cosas no tan bien como somos capaces. Es algo así como una sensación de superioridad o de rebeldía frente a la norma. No hacemos la compra cuando toca porque nosotros somos *más importantes* que eso. No somos como la demás gente.

¿Has pensado así alguna vez?

Las obligaciones aburridas, especialmente los trabajos domésticos o aquellos que hace todo el mundo en el planeta y que, en consecuencia, nos hacen sentir poco especiales, son blanco perfecto de la procrastinación. Porque, a ver, ¿qué gran genio o emprendedor pierde el tiempo con cosas tan superfluas como tener calcetines limpios cada mañana?

Sin embargo, tú no eres la colada, ni la lavadora, ni el papeleo tan desesperante que has tenido que presentar a hacienda: tú eres tus hábitos, y tus hábitos son ser una persona organizada y responsable.

En el otro extremo, la procrastinación también se da cuando dedicamos muchísimo tiempo a los preliminares de cualquier tarea. ¿Tengo que enviar emails a nuevos clientes? Ningún problema, pero antes limpiaré la pantalla del ordenador, que está muy sucia. O mejor limpio toda la mesa, de paso. Espera, voy a barrer el suelo, ya que estoy. Ah, y tengo que llamar a la empresa de mensajería. ¿Qué hora es? Vaya, ya es demasiado tarde para enviar emails a esta hora. Mejor lo hago mañana.

¿Te suena este bucle? Cuando te sorprendas a ti mismo diciéndote este tipo de cosas, rompe el ciclo y ponte a trabajar sin escuchar a tu cerebro: la procrastinación lo tiene secuestrado.

Los Diez Mandamientos de la gestión del tiempo

Para luchar contra la procrastinación, aquí van mis Diez Mandamientos de la gestión del tiempo:

1. Usarás la agenda a diario: cada noche planificarás el día siguiente, y cada mañana revisarás la lista de tareas antes de empezar la jornada.

2. Tendrás presente la agenda a largo plazo, la de los objetivos vitales.

3. Planificarás cada semana, cada mes y cada año al inicio de cada uno.

4. Te preguntarás a menudo: ¿Qué es lo más importante que debo hacer ahora mismo?

5. Lucharás a partes iguales contra el perfeccionismo y la procrastinación.

6. Aprenderás a poner límites a las exigencias de los demás y a las presiones sociales.

7. No regalarás tu tiempo a quien no se lo merezca.

8. Tendrás bajo control las cosas que te hacen perder tiempo.

9. Aprenderás a hacer lo que ya sabes hacer, pero más rápidamente.

10. Te opondrás a la Ley de Parkinson[11].

---

11 La Ley de Parkinson (Cyril Northcote Parkinson, 1957), expone que tendemos a dilatar el trabajo hasta llenar el tiempo disponible, pese a que podemos hacerlo en menos tiempo.

Resumen:

– La procrastinación suele ser miedo: miedo al fracaso y miedo al éxito.

– En ocasiones, la procrastinación también esconde un concepto erróneo de rebeldía. En realidad, no es más que falta de respeto hacia nosotros mismos.

– Planificación, compromiso y recompensas son las mejores armas contra la procrastinación.

– Es frecuente tener muy buenas intenciones, mucha motivación y unos objetivos maravillosos, pero una gestión del tiempo tan ineficaz que termina por arruinar cada proyecto que se empieza.

Ejercicio del día:

<u>TU AGENDA COMO TIMÓN DE VIDA</u>

1.   Encuentra una agenda que te guste y sea fácil de usar. Puede ser una aplicación en tu móvil o en tu computadora o, mejor todavía, una agenda física en papel.

2.   Úsala cada noche y cada mañana, y también cada vez que tengas una tarea o un nuevo compromiso.

3.   Con el tiempo, podrás darte cuenta si la utilizas para saber qué tienes que hacer cada día, o si la usas para planificar tus tareas en función de tus objetivos. Si solo la utilizas para recordatorios de citas médicas, cumpleaños, etc., no estás aprovechando su potencial, que es organizar tu tiempo en base a tus objetivos. Si es así, debes entrenarte para que tu agenda sea el timón de tu vida, y no solo una lista de recordatorios.

DÍA 20

La influencia del ambiente

Está demostrado que el comportamiento es contagioso. La gente con la que interactuamos, nuestro espacio de trabajo, nuestros lugares de ocio, nuestras relaciones familiares... Todo contribuye a crear un clima favorable o perjudicial para nuestro crecimiento personal. No es casualidad que muchos hijos adopten estilos de vida similares a los de sus padres, ni que en ciertas sociedades impere una determinada cultura de trabajo o una forma de pensar.

Nuestras acciones están ligadas al ambiente, igual que nuestra educación procede de un determinado ambiente. Y esa educación no solo se reduce al hogar o la escuela: si somos adolescentes y hay tres casas de apuestas de camino a nuestro instituto, será más fácil que nos habituemos a jugar que si no hay ninguna.

Si crecemos en una familia que no valora el esfuerzo, es probable que en el futuro busquemos trabajos o relaciones donde se nos exija lo mínimo. Por el contrario, si nuestro grupo de amigos tiene una dinámica de apoyo mutuo, de búsqueda de actividades gratificantes y de crecimiento, se va a convertir en un pilar muy importante en la construcción de una sana autoestima.

Es cierto que algunas personas logran éxitos increíbles a pesar de crecer en ambientes nocivos (todos conocemos casos de estrellas que proceden de familias muy pobres o disfuncionales), pero suelen ser excepciones: las estadísticas indican lo contrario.

Aprende a usar las críticas

Otra cosa que también puede influirnos poderosamente son las críticas (buenas y malas).

Para evitar el desánimo, se suele animar a la gente a que ignore las críticas, pero no soy partidario de ello: yo creo que las críticas están para usarlas en beneficio propio.

Es cierto que mucha gente critica con la intención de herir, invalidar o sabotear. Pero en esta vida también recibimos muchas críticas potencialmente útiles. Por eso es importante que aprendas a manejarlas.

Además, como decía Aristóteles, solo hay una forma de evitar ser criticado, y es no hacer nada, no decir nada y no ser nada. Y para eso no te has comprado este libro, ¿no?

Cuando aceptas que vas a ser criticado hagas lo que hagas, te liberas de la presión de gustar a los demás y del miedo a decepcionar: tanto lo uno como lo otro va a pasar igualmente.

Las críticas que tanto dañaron tu autoconfianza en el pasado a menudo eran indicadores de que ibas por el buen camino, un camino que otros querrían, secretamente, para sí mismos.

Cuanto más críticas recibas, mayor es la prueba de que estás haciendo ruido y apuntando lo suficientemente alto como para levantar recelos. Esas críticas no deben detenerte. ¿O piensas que alguien se va a molestar en minar tu autoconfianza si tu éxito no supusiera ninguna amenaza para los demás? Solo preocúpate de tener tu conciencia tranquila y tu honestidad sin manchas, y deja que griten.

Las personas animamos y elogiamos a nuestros amigos y seres queridos a luchar para llegar hasta donde nosotros hemos llegado, pero nos incomoda que lleguen un paso más allá. Ten siempre presente esta frase: «Nunca serás criticado por alguien que esté haciendo más que tú, solo serás criticado por alguien que está haciendo menos o nada».

Cómo distinguir una crítica valiosa

Escúchalas todas atentamente y localiza las observaciones que sean acertadas, es decir, que no te generen rechazo sin más, sino que sean capaces de encender una lucecita en tu cerebro: generalmente, esas críticas vendrán de personas que saben del tema y que no te ven como una amenaza sino como alguien que está haciendo algo muy interesante o, por el contrario, alguien con potencial y pasión que ahora mismo no está apuntando bien. Esas suelen ser las buenas.

Abraza el sentido del humor

Si fuera un alimento, diría que el humor es una fruta con un gran poder antioxidante: la risa tiene la virtud de renovarnos y mejorar nuestra disposición frente al mundo.

A menudo se confunde el sentido del humor con el sarcasmo. La diferencia está en nuestra actitud: el sentido del humor es alegrarse de la capacidad de la vida por sorprendernos. El sarcasmo es un mecanismo de defensa para evitar sentirnos vulnerables ante algún aspecto de la realidad que nos intimida.

El sentido del humor también abarca a uno mismo: reírse de nuestros propios percances es relativizar los problemas y tomarnos las imperfecciones con sabiduría. No lo confundas con la auto humillación, porque es muy distinto: las personas que se denigran a sí mismas mediante «bromas» están tratando de conseguir la aprobación a costa de su propia dignidad.

Hay días en los que es imposible sacar ni un solo segundo divertido. Pero tener días malos no es lo mismo que tener una mala vida. Ser capaces de bromear es conectarnos a la parte lúdica de la vida y al niño que una vez fuimos. Así que, cuando haya ocasión, ¡búscale el lado cómico!

Resumen:

– El comportamiento es contagioso.

– Nuestras acciones están ligadas al ambiente, igual que nuestra educación procede de un determinado ambiente.

– Si el ambiente en el que nos movemos mina nuestra autoestima, nuestra pasión o nuestras ganas de crecer, hay que cambiar de ambiente.

– No hay que dejarse influir por las críticas: hay que saber decidir conscientemente cuáles merecen ser escuchadas y cuáles no.

– Con sentido del humor (no con cinismo, auto humillación ni sarcasmo), se vive mejor.

Ejercicio del día:

UNA BUENA INFLUENCIA

1. Ya hemos dicho que nuestras acciones están influenciadas por el ambiente, no solo en lo que respecta a personas sino también a los espacios. En este sentido, ¿crees que tu casa, el lugar donde vives, es una buena influencia para ti?

2. Revisa cómo tienes organizados tus espacios domésticos y decide si son una buena o mala influencia para tus actividades y objetivos, y cómo podrías mejorarlos.

3. Sin meterte en grandes presupuestos, realiza los cambios que se te ocurran para que tu hogar fomente el bienestar, el descanso, la productividad en caso de trabajar en casa, etc. Notarás enseguida que tu buen humor y tu motivación aumentan notablemente.

¡Excusas!

Decía Jim Rohn: «Si realmente quieres hacer algo, encontrarás la forma. Si no, encontrarás excusas».

Todos inventamos excusas para librarnos de hacer algo que no queremos, o para disculparnos por una acción que no estuvo bien. Es inevitable en una sociedad que nos exige continuamente regalar nuestro tiempo a otros. Pero la cantidad de excusas que usamos dice mucho de nosotros: si somos de fiar o no, y si llevamos una vida más o menos alineada con nuestros objetivos.

No siempre somos conscientes de que estamos usando excusas. Por ello, aquí te dejo una lista de las principales excusas que usan mis pacientes para no pasar a la acción. Seguro que muchas de ellas te suenan:

El pasado

Es cierto que a mucha gente le tocan malas cartas en esta vida. Si es tu caso, recuerda que pasar a la acción te ayudará. Tal vez no podrás luchar en todos los frentes que te gustaría, pero no dejes de presentar batalla: verás cómo la vida se pone de tu parte. Recuerda que tú no eres tu pasado, ni este determina tu futuro.

El mundo va muy mal:

A diferencia de la anterior, esta excusa no suelen usarla los que tienen peores cartas sino los que tiene una mejor y más lujosa zona de confort. Quejarse del gobierno, de cómo se comporta la gente, de los tiempos que corren, del hambre en el mundo, etc., es lícito, pero no hacer nada porque «no vale la pena», no lo es. A poco que afines tu sentido de la observación, te darás cuenta de que los que más se quejan y lamentan de cómo va el mundo son los que menos contribuyen a mejorarlo. Si eres una de estas personas, valora hasta qué punto tú eres parte del problema y no parte de la solución.

No estoy preparado

Esto es muy loable cuando es sincero. Si no te sientes preparado para una relación, un trabajo más ambicioso o una maratón, es mejor que lo expreses tal cual. Sin embargo, si realmente deseas algo, ponte una fecha y detalla los requisitos necesarios para verte preparado. De lo contrario, estás en modo excusa.

No va a funcionar

La gente que usa esta excusa es especialista en arruinar los sueños propios y los ajenos. Bajo el pretexto de que «hay que ser realista», ahogan proyectos maravillosos antes siquiera de empezar. Sí, hay que tener los pies en la tierra, pero no vivir inmovilizados porque ya sabemos que no va a funcionar. ¡No podemos adivinar el futuro!

El «no va a funcionar» lleva escondida la temible profecía autocumplida. La profecía autocumplida es un mecanismo de defensa más o menos consciente que ponemos en marcha para que algo fracase tal y como habíamos «predicho». El matiz está en que la predicción que hacemos no se basa en hechos objetivos, sino en intenciones e interpretaciones distorsionadas o que son directamente inventadas.

No se me da bien / esto no es lo mío

Las declaraciones del tipo «soy muy malo en...» o «yo no sirvo para...» a veces responden a creencias sobre la propia capacidad, pero en su mayoría son solo excusas para no intentar algo.

Ya lo intenté

Es cierto que los fracasos desmoralizan. Si ya intentaste algo y fallaste, tal vez mejor dejarlo, ¿no? Pues no: elegir tus batallas es de sabios, pero no elegir ninguna es subestimarte.

Antes de rendirnos, hay que llevar ese fracaso que tanto dolió a la sala de autopsias y analizar qué sucedió. Luego habrá que valorar la relación entre ese fracaso y lo que nos proponemos hoy. Si el objetivo es el mismo (por ejemplo, correr una maratón), hay que aprender de la experiencia y abordarlo con más eficacia la próxima vez. Recuerda la cita del comienzo de este capítulo: tu compromiso es seguir intentándolo.

Ya es tarde para eso

Sí, el tiempo pasa. Ya no somos esos jóvenes rebosantes de energía y pasión que nos comíamos el mundo. Nuestros trenes ya pasaron, y hay que asumirlo. ¿Piensan así? ¡No lo hagas!

Nunca es tarde para empezar a ser como queremos ser.

Detrás de muchas excusas lo que hay es un miedo aterrador. Atreverse es arriesgado, pero debemos intentarlo. No compres siempre el «más vale conocido que bueno por conocer»: de hecho, si puedes, no lo compres nunca.

«No digas si pudiera, lo haría. Di si puedo, lo haré.»

— Jim Rohn

Resumen:

– Detrás de la mayoría de las excusas reside un profundo miedo al cambio.

– Es inevitable usar excusas de vez en cuando para no terminar regalando nuestro tiempo.

– La cantidad de excusas que usamos dice mucho de nosotros: dice si somos de fiar o no, y si llevamos una vida más o menos alineada con nuestros propios objetivos.

Ejercicio del día:

EL DETECTOR DE EXCUSAS

1.   Cuanto más te conozcas, más difícil te será ponerte excusas y fallarte a ti mismo. Por ejemplo: si odias ir al dentista, es posible que, de forma más o menos inconsciente, encuentres siempre la manera de cancelar o posponer tus citas. Ahora, te propongo que detectes las excusas que has usado últimamente para librarte de obligaciones.

2.   Detecta si esas excusas eran para los demás (para no asistir a una fiesta, para no acceder a una solicitud, etc.), o bien para engañarte a ti mismo. Las primeras tienen un pase si se usan de forma esporádica, pero las segundas no deberían estar en tu vida.

3. Reflexiona sobre estas últimas y encuentra alternativas. No se trata de cumplir siempre y a la perfección con todas las

obligaciones, sino de auto reconocernos cuándo no estemos dispuestos hacer algo.

Nunca te rindas

La vida es difícil y a menudo sentimos ganas de abandonar nuestros retos u objetivos. Si eres de los que se desmotiva con facilidad, si pones excusas, si te rindes antes de llegar, si te falta fuerza de voluntad... Que sepas que eso se puede mejorar con práctica.

La fuerza de voluntad para hacer cosas cuya recompensa queda lejos se apoya en la propia motivación, sin embargo, hay cosas que pueden fortalecerla. Aquí van ocho de ellas:

1. **Habla con tus propias tentaciones cuando las tengas**. Trátalas como si fueran un vendedor inoportuno que debes despachar sin

perder las formas: «Me encanta lo que me ofreces, pero ya había decidido no comprar más», «Sí, ya sé lo bien que me hace sentir eso, pero también sé lo bien que me hará sentir lo que me he propuesto».

2. **Háblate (con respeto) a ti mismo cuando sientas que quieres rendirte**. Háblate como le hablarías a un amigo, o escríbete una carta. ¿Qué te dirías a ti mismo si tú no fueras tú?

3. **Da tu palabra.** Busca a alguien a quien te duela decepcionar y prométele que lograrás tal cosa. Cumplir tu palabra es muy reconfortante y afianza tu autoconfianza.

4. **Compromete dinero.** Decide una cantidad de dinero que realmente te moleste perder, y renuncia a ella cada vez que falles. Entrégala a alguna organización, persona famosa, club deportivo o partido político que detestes.

5. **Fragmenta.** Si tienes una tarea que no quieres hacer, pero sabes que te beneficia, divídela en etapas e intercala cosas placenteras, o muestra tu progreso de forma cuantificable y regálate pequeños premios cuando «pases de pantalla».

6. **Aleja al diablo.** Suprime todo lo que pueda suponer una tentación: no quedes para comer en el centro comercial si sabes que tienes problemas para controlar las compras, pídele a un amigo que te custodie la videoconsola entre semana si se te está comiendo la fuerza de voluntad.

7. **No te falles dos veces seguidas.** Si dejas algo un día por algún motivo, no te permitas dejarlo una segunda vez seguida. Por ejemplo, cuando te saltes una sesión de entrenamiento por pereza, evita saltarte la segunda vez.

8. **Visualiza tu peor estampa.** En vez de visualizar los logros que quieres, visualízate a ti mismo perdiendo el tiempo, el dinero o la

energía. Por ejemplo: imagínate a ti mismo tumbado en el sofá toda la tarde sin mover un dedo, o perdiendo los nervios en una situación que requería tacto... Visualízate haciendo lo contrario de lo que te llenaría de orgullo.

Elige tu difícil

Terminamos esta jornada con la técnica llamada «elige tu difícil». Consiste en seleccionar una de las dos opciones «difíciles» ante una misma situación, reto o circunstancia. Te pongo algunos ejemplos:

- Cuidar la alimentación y hacer dieta es difícil. Lidiar con problemas de salud en el futuro cuando no puedas retroceder en el tiempo es difícil. Elige tu difícil.

- Mantener una relación de pareja es difícil. Estar solo en los peores y mejores momentos de tu vida es difícil. Elige tu difícil.

– Disciplinarse para ensayar una hora cada día es difícil. Reconocer con el tiempo que nunca aprendiste a tocar la guitarra y que solo alardeaste de ello es difícil. Elige tu difícil.

Si te acostumbras a someter tus «dilemas» a esta prueba, pronto muchos de tus problemas desaparecerán (en realidad no desaparecerán, pero ya no los verás como problemas), y muchos dilemas dejarán de serlo porque verás que ciertas batallas es mejor perderlas.

El miedo a ser mejores

Sabemos que el miedo es el temor a que lo nuevo, lo desconocido, nos traiga resultados poco favorables. Nuestro cerebro más primitivo lleva miles de años entrenando para sobrevivir, y sigue una estricta política anti cambios cuando la situación va mínimamente bien. Entendemos esta lógica de la supervivencia para protegernos del fracaso, pero... ¿del éxito también?

Cuando mejoramos en cualquier área, a menudo aparece el síndrome del impostor.

El **síndrome del impostor** es el miedo a ser acusado de ser fraude o un mentiroso por los nuestros (compañeros de trabajo, amigos...), porque nosotros mismos no nos creemos nuestra propia valía. Como mecanismo de defensa, nuestro cerebro se anticipa haciéndonos sentir indignos de lo que hemos conseguido para protegernos de un mal peor, que es el dolor o la vergüenza de ser «descubiertos» o rechazados por ocupar un puesto que en el fondo no *merecemos*.

El síndrome del impostor es una falsa creencia vinculada a una baja autoestima: no creemos que valemos tanto o no nos creemos merecedores de la confianza de los demás en la labor que vamos a desempeñar (no solo en el ámbito laboral, también en las relaciones de pareja). Para librarnos de ese síndrome tendremos que trabajar nuestra autoestima y demostrarnos con pruebas, por pequeñas que sean, que sí valemos para eso y somos dignos de confianza.

Junto al síndrome del impostor está el miedo a ser abandonados por el grupo si nuestro crecimiento despierta recelos o envidias. Por desgracia, ya hemos dicho que ese miedo tiene fundamento: es probable que nuestra mejora provoque revuelo en nuestro grupo de amigos, nuestra familia o nuestra pareja. Sin embargo, y esto debe quedar muy claro, ese no es nuestro problema.

No pierdas el tiempo en intentar convencer a nadie de que, aunque estás creciendo personal o profesionalmente, sigues siendo digno de su amor o confianza: los que te quieren van a seguir a tu lado, y los que no te quieren, no lo harán por mucho que les tiendas la mano a costa de tu propia energía.

Resumen:

– A menudo nos planteamos abandonar alguno de nuestros retos, rendirnos o caer en la desmotivación. Para evitarlo, debemos alimentar y entrenar nuestra fuerza de voluntad.

– Cambiar de rumbo puede ser necesario, pero rendirse no es una opción.

– El miedo a mejorar (y el llamado «síndrome del impostor»), pueden ser tan paralizantes como el miedo a fracasar.

– Cuando te sientas desmotivado, utiliza la técnica «Elige tu difícil».

Ejercicio del día:

<u>¡NO LO DEJES AHORA!</u>

1. Busca un calendario de pared o similar (cualquier calendario donde puedas apuntar hechos y lo tengas a mano), y anota en él cada logro que consigas, por pequeño que sea. Por ejemplo: si te cuesta ir al gimnasio, apunta los días que vas, si te cuesta mantener la casa limpia, anota los días que has limpiado, si te ves incapaz de dejar los videojuegos, deja por escrito los días que decides no jugar.

2. Revisa cada poco tu calendario y saca conclusiones: ¿merece la pena rendirse o abandonar tras todos esos logros que tanto esfuerzo te han supuesto? ¿Dejarlo ahora no sería fallarte a ti mismo?

3. Este ejercicio tiene como objetivo apuntalar tu fuerza de voluntad con pruebas reales de todo lo que vas logrando.

Practica la integridad

¿Qué es la integridad y por qué es imprescindible para querernos a nosotros mismos?

La integridad personal se da cuando nuestras acciones se corresponden con nuestros valores y convicciones. Cuando lo que decimos, lo que hacemos y lo que pensamos coinciden. Es decir: cuando somos fieles a nosotros mismos.

Cuando nos comportamos de acuerdo con nuestro sistema de valores, nos sentimos bien. Cuando dejamos de ser consecuentes (nos traicionamos a nosotros mismos), empieza el malestar interno: nuestra propia conciencia nos avisa de que algo no cuadra.

Si eres una persona comprometida con tu trabajo, actuarás en consecuencia: te tomarás en serio la tarea, serás honesto y te sentirás bien por ello. De lo contrario, te sentirás vendido.

Cuando explico que la felicidad depende de la integridad personal, me refiero a que a menudo buscamos la felicidad en cosas que no están presentes en nuestro sistema de valores. No digo que sean malas, digo que no son esenciales para nuestra plenitud.

Cuanto más alineada esté nuestra vida con la manera que creemos que debemos vivirla, más la disfrutaremos: la integridad personal es el alimento de nuestra autoestima.

Es cierto que ser íntegros no nos garantiza la felicidad, pero no serlo sí es garantía de ser eternamente infelices.

Elige la empatía

La empatía es lo que nos diferencia no de los animales sino de los psicópatas[12].

La empatía es la capacidad de respetar y comprender emocionalmente a los demás. Eso no significa conocer cada detalle de lo que le está sucediendo a otra persona, sino verla como a un semejante a quien no tenemos por qué ignorar o perjudicar. De la empatía nace la solidaridad, la tolerancia, el apoyo, la generosidad, etc.

La empatía es lo que hace que el mundo aún siga en pie. Practicar la empatía nos permite

---

12 Los psicópatas carecen de esta habilidad: pueden simular la empatía, pero no sentirla, como tampoco pueden sentir afecto, solidaridad o arrepentimiento.

crear lazos más profundos con la gente, sentirnos mejor con nosotros mismos, contribuir a la reducción de la violencia, defender la justicia y fomentar la inteligencia emocional.

¿Cómo podemos ser más empáticos? Prueba con estas 5 estrategias:

1.   **Practica la escucha activa:** Implica escuchar con atención, sin hostigar y ofreciendo un *feedback* sincero.

2.   **Vive sin prejuicios:** Vive y deja vivir. No juzgues, no trates de imponer tu verdad. La gente tiene sus propios motivos para actuar, esté o no equivocada. Ya tendrás tiempo, si es el caso, de confrontar las cosas.

3. **Comunica de forma asertiva, sin intimidar:** No muestres impaciencia o agresividad ante un desencuentro si no te están faltando al respeto.

4.   **Pregunta lo que no entiendes**: Antes de sacar conclusiones basadas en lo que «te

parece», pregunta lo que no has entendido. Nadie se ha muerto por preguntar, y es algo que ahorra infinidad de malentendidos y decepciones.

5. **Observa:** Cuando eres observador, captas expresiones y gestos que suelen pasar desapercibidos y ayudan a entender a los demás. Recuerda que no todo el mundo piensa igual que tú ni necesita lo mismo que tú.

Recuerda esto:

«Cada persona que conoces está librando una batalla de la que tú no sabes nada. Sé amable. Siempre.»

— Robin Williams

¡Diferentes, welcome!

A juzgar por la mayoría de los libros de autoayuda que pasan por mis manos, parece que en este mundo solo existen las personas neurotípicas. En concreto, occidentales de clase media con una inteligencia estándar y sin grandes problemas de adaptación al modelo masculino predominante. Los demás, la gente con rasgos distintos, deben aceptar sus «limitaciones» y vivir pidiendo perdón o permiso.

Esta creencia no solo es muy injusta, también es totalmente falsa: en el mundo cabemos todos y todas.

Al hablar de inteligencia, hasta hace muy poco se dividía a la gente según si tenía capacidades cognitivas «normales» (los neurotípicos), o si presentaba «fallos» en el sistema, por no usar términos peores. Por suerte, hoy la ciencia ofrece una visión mucho más realista y justa de la neurodiversidad.

¿Quiénes son los neurodivergentes?

Son neurodivergentes las personas que presentan TEA (Trastorno del Espectro Autista), TDA-H (Trastorno por Déficit de Atención /

Hiperactividad), Dislexia, Dispraxia, TOC (Trastorno Obsesivo-Compulsivo), Discalculia, Trastorno Bipolar, Síndrome de Tourette... Además de otras condiciones no neurotípicas como son el Síndrome de Down o discapacidades sensoriales, entre otras.

En una sola palabra: ¡millones!

Si es cierto que las sociedades occidentales somos cada vez más inclusivas, no lo son tanto nuestros sistemas de producción. ¿Por qué? Bueno, es mejor –creen algunos– mantener a esos «perfiles» lejos del sistema laboral antes de que ocupen... ya sabes, puestos de responsabilidad.

Dejando de lado las consideraciones éticas, descartar a un perfil neurodivergente en un sistema productivo no solo es injusto: es un error porque suelen presentar algunas ventajas sobre los cerebros «normativos».

Por ejemplo: hay evidencias de que la gente con TDA es más creativas que la media neurotípica. Eso no significa que se les dé bien dibujar (puede ser), sino que pueden encontrar soluciones distintas a problemas porque usan el pensamiento diagonal. Por su parte, mucha gente con autismo tiene grandes habilidades para el cálculo, la detección de patrones o el manejo de datos[13] .

Para querernos todos y todas como merecemos, nadie debería sentirse invalidado por su neurodivergencia o su discapacidad.

«Cada persona es un genio. Pero si juzgas a un pez por su habilidad de trepar a un árbol, toda su vida creerá que es un estúpido.»

— Albert Einstein

---

[13] Insisto: aquí he obviado las consideraciones éticas para centrarme solo en los beneficios de la diversidad en el sistema productivo.

Resumen:

– La integridad personal se da cuando nuestras acciones se corresponden con nuestros valores y convicciones. Es decir: cuando somos fieles a nosotros mismos.

– No hay felicidad ni autoestima posible cuando sentimos que no hacemos lo correcto según lo que somos o queremos ser.

– La empatía es lo que hace que el mundo siga en pie. Practicar la empatía nos permite crear lazos más profundos con la gente, contribuir a la reducción de la violencia, defender la justicia y fomentar la inteligencia emocional.

– El mundo es para compartirlo entre todos y todas, no para uso exclusivo de las personas «normales».

Ejercicio del día:

<u>¿TU SISTEMA DE VALORES ES SÓLIDO?</u>

1. Hemos dicho que la integridad supone actuar según nuestros propios valores y principios. Sin embargo, a veces no sabemos cuáles son hasta que una situación concreta nos obliga a replanteárnoslos. Entonces es frecuente tomar una decisión impulsiva o dejarnos llevar por la mayoría. Por ello, es importante tener claros nuestros valores desde ya.

2. Te propongo que reflexiones sobre la siguiente situación: ha llegado a uno de tus grupos de WhatsApp una foto comprometida de una conocida tuya. Lo cierto es que la foto es muy cómica y da pie a risas y a todo tipo de bromas y comentarios. ¿Qué haces tú? ¿Qué ganas o pierdes con ello?

3. Reflexiona sobre la decisión que has tomado y sobre cómo te hace sentir esto.

El lado oscuro del dinero

Dicen que el camino a la corrupción es la combinación de un entorno propicio, una oportunidad y un tipo de persona. Si no podemos evitar los dos primeros factores (el entorno y la ocasión), evitemos el tercero: no nos convirtamos en la persona que se corrompe por dinero.

Relajar nuestra honestidad para obtener más dinero del que nos corresponde es alimentar el narcisismo y la frialdad emocional. Míralo así: ¿Cómo te sientes cuando escuchas que unos desalmados estafaron a una anciana ciega diciéndole que eran del banco? Supongo que sientes rabia o asco. Sin embargo, si tú también haces trampa (ya sabes: pagar o cobrar servicios en negro, ocultar datos para obtener ayudas sociales, inflar facturas, «olvidar» pagar cosas, estafar, robar, etc.), estás contribuyendo a crear el ambiente donde otros acaben robando a personas vulnerables. ¿Dónde está la frontera?

Si tú das un pequeño pasito hacia la corrupción, otro se verá legitimado a dar un pasito más. Y el tercero se verá legitimado a robarle a tus padres o a tus hijos. Ir con la cabeza bien alta por el mundo, eso sí es tener valor.

Deja de desear cosas

«Ama a las personas, utiliza las cosas.»[14] Es así, y no al revés.

Vivimos en una espiral de consumismo en la que básicamente trabajamos para adquirir cosas. Y si, por un lado, millones de personas tienen

---

14 Esta cita es de los minimalistas Joshua Fields y Ryan Nicodemus, y también es el título de su principal libro.

dificultades para llegar a fin de mes, por el otro, en ningún otro momento en la historia de la humanidad habíamos tenido tantos miles de artículos y servicios a nuestro alcance.

Creo que es urgente reeducarnos para vivir con menos necesidades materiales y más significado. Y no digo que hagamos un voto de pobreza. Digo que no te valores por el dinero que tienes, ni esperes que lo hagan los demás. El dinero está a nuestro servicio, no al revés, y es la vía para hacer cosas maravillosas, no para que acumules trastos inútiles en tu garaje.

Cómo comprar más allá de lo necesario

¿Eres de los que no para de comprar o de hacer listas de lo que va a comprar en breve? Aquí van algunos consejos sobre el consumismo inspirados en el minimalismo:

– Antes de comprar algo, espera su precio en tiempo: si vale 50 €, espera 50 horas antes de comprarlo. Si vale 1.000 €, espera 1.000 horas.

– Dale una oportunidad a las tres R: recicla, reutiliza y reduce.

– Haz listas de compras sensatas y respétalas.

– Si algo entra en tu casa, algo debe salir.

– Elimina tus suscripciones a servicios y tiendas para evitar emails con propaganda.

– Elimina entrar en las páginas web de las tiendas para «estar informado de las novedades».

– Rebajas: ¿Habías pensado en comprar eso antes de verlo anunciado de rebajas?

– Compra pensando en ti, y no en los demás. Esto vale tanto para un bolso con el que impresionar a las compañeras de trabajo como para una guitarra del mismo modelo que tu guitarrista preferido que, por cierto, es millonario.

– Traduce el precio de lo que quieres comprar en horas de tu trabajo. ¿Cuánto tiempo debes trabajar para comprar eso?

– Fiestas, cumpleaños, celebraciones y Navidad: negocia con la familia o los amigos para limitar el gasto o acuerda hacer regalos más conscientes y no solo para cumplir.

– Vacaciones y ocio: antes de reservar tu próximo viaje al lugar de moda recuerda para qué sirven las vacaciones y qué esperas tú de tus próximas vacaciones.

– Sé materialista, es decir: valora cada objeto exactamente por lo que es, y no le otorgues «poderes mágicos».

Olvida la publicidad

Tengo varios amigos publicistas y mis alegatos contra la publicidad los ponen muy nerviosos. No porque yo desvele ningún secreto inconfesable (o sí), sino porque lo que digo ataca a la piedra angular de su negocio:

La publicidad es humo.

Fíjate en que no he dicho que la publicidad *venda* humo: los anuncios venden cosas reales, como coches, relojes, ropa o perfumes. Lo que envuelve esos artículos, la promesa de una vida más excitante, más deseable o más auténtica, eso sí es puro humo.

La publicidad no aspira a que los consumidores queden satisfechos sino todo lo contrario: es una potente generadora de ansiedad y frustración. ¿Por qué? Porque lo que prometen son la zanahoria delante del burro. Por supuesto que un buen perfume hace que huelas bien, y un buen coche es mejor que uno malo. Pero ni te convertirán en una persona diferente ni detendrán el paso del tiempo ni convertirán tu vida en un sueño.

Para evitar la frustración que generan sus cantos de sirena, mi consejo es que compremos los productos que nos hagan felices, que probemos, que cambiemos de marca si queremos (no le debemos nada a ninguna compañía), pero que mantengamos las expectativas en el mundo real: lo máximo que puede hacer un perfume por nosotros es hacernos oler bien. Lo demás es cosa nuestra.

«Gastamos dinero que no tenemos, en cosas que no necesitamos, para impresionar a gente a la que no le importamos.»

— Will Smith

Resumen:

— Relajar nuestra honestidad para obtener más dinero del que nos corresponde es alimentar el narcisismo y la frialdad emocional.

— No permitas que el dinero te corrompa: no merece la pena.

— Cada uno debe encontrar su propia forma de relacionarse con su dinero sin destinar la vida a trabajar para comprar cosas con el fin de ser respetados o calmar nuestra ansiedad.

— La publicidad es una gran generadora de frustración porque promete cosas inalcanzables y te obliga a estar deseando siempre algo más.

Ejercicio del día:

EL ADMINISTRADOR DE BIENES

1. Imagina que debes hacerte cargo de los bienes de tu mejor amigo/a, que consisten en su vivienda, su coche, su sueldo mensual y algunos ahorros.

2. Piensa en cómo lo harías, qué cosas le comprarías, de qué cosas te desharías y cuánto ahorrarías para tu amigo al mes. ¿Coincide con lo que harías si fuera tu propia economía? ¿Serías más escrupuloso o menos? ¿Te sería fácil explicarle a tu amigo/a cómo estás gastando su dinero?

3. Ten en consideración las posibles diferencias que veas y realiza los cambios que consideres oportunos en tu forma de manejar tu dinero.

El valor de saber comunicar

Ya hemos hablado de la escucha activa y de la capacidad de defender los propios límites. El éxito de ello pasa por la comunicación asertiva, es decir, por saber exponer los propios intereses con eficacia, sin faltar al respeto ni a uno mismo ni a los demás.

En esta jornada hablaremos de cómo comunicarnos correctamente. Estos son los recursos a tener en cuenta:

—   Exprésate de forma clara y directa. Eso no implica ser grosero ni agresivo: se puede ser cordial y firme a la vez.

– Evita ambigüedades, insinuaciones y sobre explicaciones.

– Si sientes temor cuando te expresas en ciertos ambientes, empieza por expresar deseos y opiniones sobre temas poco relevantes y ve exponiéndote a situaciones más comprometidas a medida que aumente tu autoconfianza.

– Di «no» con más frecuencia.

– Reduce las frases tipo «lo que tú quieras», «por mí está bien», «no me importa», etc.

– Evita dar demasiadas explicaciones cuando se trate de decisiones que solo te afectan a ti.

– Habla en primera persona a la hora de expresar una opinión o una queja: «yo creo que...», «mi opinión es...», etc.

– Evita disculparte cuando expresas una necesidad o deseo que no compromete los derechos de los demás.

–   Cuida el lenguaje corporal y el tono de voz: habla con tranquilidad, sin gritar, pero sin esconderte, mira a los ojos de tu interlocutor, etc.

–   Entiende que en la vida surgen conflictos que se deben afrontar, aunque provoquen malestar. No te calles siempre.

–   Sé persistente cuando tienes claro que es lo correcto.

–   Trata de no ponerte a la defensiva ni ser agresivo.

–   Elige las batallas. Es imposible mantenerte siempre firme y lograr justicia en todos los momentos de la vida. A veces no habrá más remedio que abandonar la causa.

El resultado de una acción asertiva no siempre es el esperado. A veces hay que insistir, explicarse mejor, otras veces habrá que ceder. Sin embargo, saber comunicar de la mejor manera posible nos ahorra muchísimo tiempo, energía y disgustos.

Comparte lo que sabes

A menudo mis pacientes se muestran reacios a compartir la información y los conocimientos que tienen. Entiendo que no quieran decirle a nadie cuánto han adelgazado si no les apetece, pero pueden compartir el número de contacto de ese nutricionista que tanto les ha ayudado.

Mi opinión es que compartir el conocimiento es una carretera de doble sentido: si tú lo haces, otros lo harán contigo (no todos, claro, pero eso también te ayudará a saber con quién puedes formar equipo y con quién no). Además, la vida da muchas vueltas y no sabes qué oportunidades te depara el futuro.

Por supuesto, si tienes una idea de negocio buenísima y realizable, no la muestres alegremente a todo el mundo: si no tienes las espaldas cubiertas, cabe la posibilidad de que te la roben. Sin embargo, no temas compartir experiencias e información con otros compañeros de profesión, ofertas de trabajo, convocatorias, contactos... Eso transmite la idea de que no temes a la rivalidad porque crees en ti mismo.

Resumen:

– La comunicación eficaz es un gran ahorrador de tiempo, energía y conflictos.

– Expresarse de forma clara y directa no significa ser grosero o agresivo.

– Cuando se trata de exponer los propios intereses, deseos y necesidades, se debe ser cordial pero firme.

– Compartir tu conocimiento en ambientes seguros es positivo y se convierte en una vía de doble sentido.

Ejercicio del día:

<u>TENEMOS QUE HABLAR</u>

1. Te propongo practicar mentalmente una comunicación asertiva en los siguientes casos:

-   Has logrado el trabajo de tus sueños, pero es en otra ciudad a 200 km de donde vives. Díselo a tu pareja.

-   No quieres continuar una relación de encuentros esporádicos. Díselo a la persona con la que has mantenido esa relación durante las últimas semanas.

-   Necesitas que tu hermano/a te preste 5.000 €.

-   Te molesta que tu pareja coquetees con esa persona.

-   Tienes sospechas de que la pareja de tu mejor amigo o amiga le está siendo infiel.

2.   ¿Qué casos te han costado más? ¿Por qué crees que es así? ¿En qué casos podrías terminar cediendo en función de la respuesta de la otra persona?

3.   Este ejercicio tiene por objetivo entrenar la comunicación asertiva en situaciones donde tu interlocutor se va a sentir molesto, decepcionado o traicionado.

No intentes arreglar a nadie

Como decía Robin Williams, cada persona lleva una batalla interna que debe lidiar a solas. No porque no pueda confiar en los demás, sino porque nadie puede arreglar a otra persona por mucho que lo intente.

Dar apoyo y consejos a la gente que apreciamos está genial, pero es delicado. Decirle lo que deben hacer para sanar ya es temerario. ¿O es que a ti te gusta que te den soluciones que no has pedido? Además, los consejos deben servir para ayudar a la otra persona, pero solemos ponerlos al servicio de nuestra propia vanidad.

¿Cuándo NO debemos tratar de arreglar a los demás?

- Cuando no nos lo han pedido.

- Cuando lo hacemos esperando algo a cambio.

- Cuando lo hacemos para alimentar nuestra vanidad y con la única intención de quedar bien.

- Cuando insistimos y nos frustramos si no nos hacen caso porque nosotros «tenemos razón».

- Cuando no nos hemos puesto antes en la piel de la otra persona.

- Cuando solo queremos atajar los síntomas, pero no el problema de fondo.

Las personas que se dedican a arreglar a los demás tienen sus propias batallas internas, pero les dan tanto miedo que prefieren centrarse en otros: en el fondo, se consideran a sí mismos causas perdidas.

Si no sabes qué decir ante el problema de otra persona, es mejor que te limites a mostrarle apoyo con frases como:

- ¿Puedo hacer algo para ayudarte?

- No sé qué decir, pero estoy a tu lado en esto.

- No entiendo muy bien la situación, pero me tienes para lo que necesites.

- ¿Qué te haría sentir mejor?

Resumen:

– A menudo sentimos la tentación de solucionar los problemas de los demás por una cuestión de vanidad en lugar de por verdadera solidaridad.

– Ayudar a alguien en un determinado momento no es lo mismo que tratar de cambiarlo o dirigirlo «por su propio bien».

– Antes de arreglar a otro, comprueba que en tu interior está todo en orden.

Ejercicio del día:

<u>SÉ LO QUE ES MEJOR PARA TI</u>

1. Estás preocupado porque tu hermano/a lleva tiempo obsesionado/a con adelgazar, y sospechas que ha desarrollado un trastorno alimenticio.

2. Imagina que le compartes tu preocupación, pero eso no le hace cambiar, al contrario: se enfrenta a ti y te dice que te metas en tus asuntos. ¿Qué haces?

3. Analiza cómo te sentirías y cuál sería tu reacción. Recuerda que tus acciones deben ir encaminadas a mejorar la situación, no a demostrar quién tiene razón.

Despide a los vampiros de tu vida

Ya estamos llegando al final de nuestro *bootcamp* y es momento de abordar otro gran «elefante en la habitación»: nuestras relaciones con los vampiros.

Despedir a los vampiros de tu vida es imprescindible e innegociable. Si quieres ser dueño de tu libertad y tu futuro, esa gente debe salir de tu vida ya mismo. Ya hemos hablado del autorrespeto y de los límites personales. Es momento de echar a los vampiros.

¿Qué son los vampiros? Los vampiros son la gente que se alimenta de tu energía:

- La gente negativa.

- La gente mentirosa.

- La gente envidiosa.

- La gente chismosa y criticona.

- La gente victimista y quejica.

- La gente desafiante y conflictiva.

- La gente manipuladora

- La gente trepa y tramposa.

¡Sí, el mundo está lleno de toda esa gente! Pero tú no tienes por qué meterlos en tu casa. Y mucho menos debes intentar cambiarlos.

¿Qué hacer entonces?

Podemos y debemos aspirar a mantener relaciones sanas con todo el mundo. Algunas de estas relaciones serán muy íntimas, otras serán buenas relaciones laborales, otras serán simples relaciones de cordialidad. Pero en todos los niveles hay que aspirar a sumar, no a restar.

Cuando nos encontramos en situaciones en que debemos convivir o lidiar con gente tóxica, debemos aprender a manejarla (no manipularla, son cosas distintas). Ahí van algunas técnicas que resultan muy útiles:

– **Distancia emocional:** Algunas de estas personas son grandes actores y actrices, y suelen interpretar papeles merecedores de Óscar con tal de salirse con la suya. Sé impasible cuando detectes que hacen un papel o que, aunque su sufrimiento sea real, insisten en que tu deber es ayudarles.

– **Poca información:** No ofrezcas datos innecesarios sobre ti a esa gente. Reduce las interacciones a conversaciones neutrales y no muestres tus sentimientos ni opiniones hacia ningún tema susceptible de convertirse en arma arrojadiza.

– **Dales la razón:** Esa gente suele ser infantil y consentida, y necesita tener siempre la última y verdadera palabra. No te empeñes en cambiarla y dale la razón: no es muy ético, pero funciona.

– **Poco tiempo:** Procura estar siempre ocupado para esa gente. Por A o por B, se te pasan las semanas volando... y no tienes tiempo para dedicarles.

– **Conviértete tú en su vampiro:** Pídeles favores, llámales, pregúntales cosas, ruégales su amor, insiste en compartir todo con ellos, preséntales a tu familia, pídeles dinero prestado... Ya verás qué rápido vuelan.

– **No te quedes a solas con ellos:** Esa gente suele mentir y tergiversar las conversaciones, y también es buena insistiendo hasta doblegar tu voluntad. Pero si hay testigos, suelen comedirse.

Cuanto menos tiempo compartas con la gente tóxica, más tiempo ganarás para compartir con la gente que merece la pena. Recuerda que las relaciones sanas y saludables se establecen entre personas que se respetan, se comunican de manera bidireccional y en un tono positivo, se apoyan y se animan entre sí y, a su vez, existen como vidas libres e independientes.

Más que buscar a gente de tu «nivel», de tu misma profesión o de clase social similar, rodéate de personas buenas, leales y positivas.

«Las personas felices no pierden el tiempo haciendo el mal a los demás. El mal es una cosa para gente infeliz, frustrada, mediocre y envidiosa.»

— Robin Williams

¡Huye de los amigos de Job!

Los buenos amigos son un tesoro. Los malos... ya no tanto.

Según el Antiguo Testamento, los amigos de Job fueron cuatro hombres que acudieron a animar al profeta cuando éste atravesaba el peor momento de su vida. Sin embargo, en vez de empatizar con su desgracia, terminaron por culparlo de su propio sufrimiento: lo peor es que lo hacían desde una cómoda posición de riqueza y bienestar, es decir, sin haberse puesto realmente en la situación del otro. ¿Te suena?

Sí, los amigos de Job son, en resumen, los amigos inútiles. Los que te «animan» menospreciando tus problemas o dándote soluciones imposibles.

El problema con estos amigos inútiles (léase también *coach*, familiares arrogantes y malos terapeutas) es que a veces no lo hacen con mala intención, por eso es complicado hacerles ver que sus consejos no sirven... sin que terminen enfadados contigo.

¿Qué suelen decir los amigos de Job?

– **Te dicen:** «¡Anímate!» cuando estás hundido, sin entender que un bache emocional o una depresión no es una chaqueta que uno se pueda quitar cuando tiene calor.

– **Te dicen:** «Si te perjudica, déjalo», sin entender las dinámicas que mantienen a alguien en una relación abusiva o en comportamientos tóxicos.

– **Te dicen:** «Perdona y sigue adelante» sin asumir que una herida que aún sangra requiere algo más que un alegre «borrón y cuenta nueva».

El problema de los amigos de Job no son sus «soluciones» o consejos. El problema es que, cuando ven que no funcionan, en vez de recapacitar sobre sus consejos, te echan la culpa: te dicen que no te esfuerzas lo suficiente, o que te gusta hacerte la víctima, o que eres inmaduro. Y no digo que a veces no se así. Pero generalmente no son esa clase de amigos los que te lo hacen ver.

Hay que huir de los amigos de Job por muy buenas personas que sean. Si no podemos dejarlos físicamente porque son familia o personas que no podemos eludir, sí debemos distanciarnos de ellos emocionalmente, es decir, volvernos impermeables a sus consejos y «ánimos».

Un grupo no es una secta

A grandes rasgos, cualquier grupo se basa en la siguiente dinámica: los miembros aceptan una pequeña dosis de sacrificio personal o de obediencia a las dinámicas establecidas, a cambio de un beneficio mayor: el sueldo en una empresa, la diversión con los amigos, el amor en la pareja...

Pero la ecuación debe ser esta, y no a la inversa: lo que se obtiene debe ser mejor y mayor que lo que se cede. Si no es así, la relación está viciada.

¿Cuándo podemos decir que una relación o un grupo están corrompidos?

Cuando se dan una o varias de estas situaciones:

– Cuando el grupo te empuja a hacer cosas que no van contigo.

– Cuando no sabes explicar qué te mantiene en ese ambiente.

– Cuando hay un líder a quien le debes un alto grado de lealtad.

– Cuando pagas por cosas que no has hecho.

– Cuando se te humilla a ti o a alguien más.

– Cuando hay un elevado grado de imprevisibilidad que te hace estar siempre en alerta.

– Cuando en ese ambiente estás siempre moderando tu comportamiento y tus palabras para evitar discusiones.

– Cuando sientes que necesitas permiso para actuar.

– Cuando hay unas normas internas, casi secretas, que nadie de fuera de ese ambiente entendería.

– Cuando esas normas internas desafían la ley.

– Cuando nunca eres suficiente tal y como eres.

– Cuando te engañan u ocultan hechos.

– Cuando sientes que estás con ellos o contra ellos.

Resumen:

– Hay que alejarse de los falsos amigos, de la gente tóxica y de los «vampiros» en general. Si no podemos hacerlo físicamente, debemos hacerlo emocionalmente para que no nos altere su comportamiento tóxico.

– No tenemos la obligación moral de «cargar» con ninguna persona adulta y autosuficiente.

– Cuando un ambiente es contrario a tus intereses, es contrario a ti.

– No estamos obligados a aceptar, agradecer ni seguir ningún consejo de nadie.

Ejercicio del día:

<u>ESPACIO LIBRE DE VAMPIROS</u>

1. Haz una lista de las personas que, de una u otra manera, te roban energía. Pueden ser miembros de tu familia, compañeros de trabajo, amigos, etc.

2. Anota también qué te molesta exactamente de su comportamiento y qué deberían hacer esas personas para que eso dejara de molestarte.

3. Reflexiona sobre si hay alguna posibilidad real de que tu relación con ese vampiro sea más saludable. En caso contrario, prepárate para distanciarte de esa persona de la manera que consideres más oportuna.

Tu futuro estará bien

¿Te agobia tu futuro? ¿Sí?

Yo creo que no. Creo que lo que te agobia es repetir un pasado que fue doloroso. Y eso no va a suceder porque ya estás trabajando en ello.

Hay motivo para creer en un futuro feliz y hay motivo para la esperanza. Sí, el mundo está muy mal, hay guerras, hambre, violencia... Pero también hay un montón de personas (tú entre ellas), que se levantan cada día para hacerlo un poco más humano.

Te doy cuatro datos:

— **Primero**: Pese a que el número de guerras y muertes derivadas de estas sigue siendo inadmisible, hay una tendencia a la baja: los estudios señalan que hay cada vez menos guerras y menos muertes en conflictos bélicos en el mundo.

— **Segundo**: La esperanza de vida sigue subiendo, y muchas enfermedades que antes mataban a millones de personas se erradican gracias a gente entregada a la ciencia y a la educación.

— **Tercero:** Somos más conscientes de las amenazas a nuestra especie y al planeta, y cada día estamos más preparados para hacerles frente.

— **Cuarto:** La educación en los derechos humanos está presente en cada vez más generaciones, que se posicionan a favor de un mundo más igualitario.

Ten intenciones, no expectativas

Del mismo modo que tenemos requisitos cuando elegimos un hotel o un máster, debemos tener requisitos para la vida y para nuestro futuro.

Los requisitos de la vida son todo aquello que le exigimos a ella. Por desgracia, no están garantizados por escrito ni hay servicio de posventa, por eso es importante transformarlos en intenciones en vez de en expectativas. ¿Por qué? Porque las expectativas son pasivas. Son deseos. Las intenciones empujan a la acción.

¿Cómo se hace eso?

Centrándonos en nuestras acciones y no en el resultado que queremos.

Te propongo que reflexiones sobre las expectativas que tienen en esta vida. ¿Cuáles son? ¿Un buen trabajo? ¿Formar una familia? ¿Viajar por todo el mundo? ¿Vivir muchos años?

¿Una jubilación dorada? ¿Pasar a la historia por algún logro?

Ahora te pido que transformes esas expectativas en intenciones. ¿Qué has hecho hoy por ellas? ¿Qué harás mañana?

El autoconocimiento nunca se detiene

El autoconocimiento no tiene un tope: es un proceso que nos acompaña toda la vida, porque en todas las etapas, a cualquier edad, es posible descubrir cosas que no sabíamos de nuestra personalidad, nuestras capacidades o nuestros deseos.

Pero ¿cómo potenciamos el autoconocimiento en la edad adulta?

Es cierto que la mayoría de nuestros rasgos salen a la luz durante los años de escuela y formación. Pero no se detienen ahí, lo que sucede es que cuando somos adultos nuestra curiosidad disminuye: por eso debemos provocarla un poco más manteniendo la mente abierta a cosas nuevas y viviendo con cierto espíritu aventurero.

¿Qué cosas nos permiten seguir conociéndonos cada día?

- Hacer actividades nuevas (visitar lugares, probar comidas, conocer gente…).

- Aprender materias nuevas, desde idiomas y hobbies hasta los desafíos que plantea el futuro.

- Atender a nuestro día a día y comprobar por qué hacemos las cosas como las hacemos.

- Pedir a personas que nos conoce que nos describan tal y como nos ven.

- Escuchar nuestro discurso interior.

- Atender a cómo actuamos en situaciones nuevas o excepcionales para sacar conclusiones de cara al futuro.

Resumen:

– A menudo, lo que más nos aterroriza del futuro es que se repita el pasado.

– Hay motivos para querer el futuro y hay motivos para que tú quieras al tuyo. Porque pinta bien.

– Las expectativas, si no se acompañan de intenciones que puedan llevar a la acción, son deseos echados al azar.

– Acepta cada nuevo descubrimiento como un regalo y no te avergüences de lo que aún no sabes.

Ejercicio del día:

DISEÑA TU *VISION BOARD*

1. Un *vision board* es un panel con imágenes y palabras que representan lo que quieres ser, sentir, hacer o tener en tu vida. Es una declaración de intenciones visual. ¿Te atreves a diseñar el tuyo?

2. Puedes confeccionarlo tú mismo o encargarlo a un diseñador gráfico. Te doy los pasos básicos:

a) Define tus objetivos.

b) Recopila imágenes y palabras clave que para ti tengan relación con ellos.

c) Haz pruebas de composición (debes equilibrar la parte estética con la funcional).

d) Elige el soporte donde pegar lo anterior.

e) Elige el mejor sitio para colocar tu vision board.

3. Tienes que echar un vistazo a tu *vision board* cada día. Si lo haces, cada día tendrás presente tus sueños futuros y, de forma automática, pondrás tu subconsciente a trabajar en ello.

Acepta los elogios, celebra tus logros

¿Te has fijado en lo mal que encajamos los cumplidos? Yo lo tengo comprobado con mi chica: cuando una amiga le dice que lleva un vestido precioso o un cliente le agradece su eficiencia en un proyecto, ella le quita importancia asegurando que el vestido es viejo o barato, y que solo hace su trabajo.

¿Por qué nos cuesta tanto aceptar un cumplido?

Es cierto que algunos halagos son inapropiados o provocan situaciones incómodas. Otras veces sospechamos de las intenciones que hay detrás. Pensamos: «¿Me querrá pedir algo?», «¿Lo dice para ligar?», etc.

Yo creo que un halago educado hay que aceptarlo. Igual que funciona la presunción de inocencia en un acusado, debemos creer en primera instancia que ese halago educado es sincero. Ya habrá tiempo después de averiguar si es así o no.

Sin embargo, ¡parece que nos hayan pasado una patata ardiendo! Solemos reaccionar mal ante un cumplido porque no sabemos qué hacer con él. Por un lado, no queremos quedar como vanidosos ni provocar envidias. Por otro lado, intentamos corresponder inmediatamente, lo cual no siempre queda natural. Por último, y más importante: quien responde por nuestra boca es la baja autoestima y el síndrome del impostor. Pensamos algo así como: «¡Ay, Dios! ¡Esta persona cree que soy más de lo que soy! ¿Qué pensará cuando *descubra la verdad*?».

La verdad es que solo hay una respuesta correcta a un halago, y es el agradecimiento. Es lo que merece la otra persona. No hay que justificar nada, no hay que dar explicaciones, no hay que lanzar ningún contra halago. Solo hay que dar las gracias.

Lo que transmitimos con cualquier otra respuesta es: «Estás equivocado», «No quiero tu opinión» o «Yo no merezco halagos». Queremos protegernos, pero lo que hacemos es desvalorar a la otra persona y, de paso, a nosotros mismos.

Si alguien elogia algo de nosotros, es porque lo merecemos. Si lo hace con segundas intenciones, es su problema, no el nuestro, y tarde o temprano lo descubriremos.

Celebra tus logros

Párate de vez en cuando y celebra lo lejos que has llegado. ¿Por qué? Aquí te doy algunas razones:

— Celebrar un logro, triunfo o éxito tiene un impacto positivo en nuestro bienestar y nuestra autoestima, especialmente si podemos registrarlo en forma de foto o recuerdo para volver a él en momentos bajos.

— Celebrar un logro lo da a conocer a los demás y genera la oportunidad tanto de recibir elogios de otra gente como de inspirar con el ejemplo, algo también muy gratificante.

— Celebrar un logro afianza nuestra confianza en el plan y en la estrategia adoptados.

— Celebrar los logros refuerza nuestros vínculos sociales de forma positiva, ya sea en el trabajo, en la familia, en la pareja o en el equipo.

— Celebrar los logros recarga las pilas tras el esfuerzo y nos prepara para la siguiente acción de forma mucho más positiva que si nuestro logro pasa desapercibido.

— La celebración de pequeños objetivos nos anima a atrevernos con retos mayores.

No solo debes celebrar los logros: también hay que celebrar el tiempo que llevas esforzándote o implicado en algo, como los aniversarios de pareja o en la empresa.

También está bien que celebres los logros de los demás: no tienes nada que envidiarles si tú te estás esforzando por mejorar a diario (de hecho, está demostrado que la envidia más intensa la sienten aquellos que no están haciendo nada por conseguir ese logro, mientras que los que luchan con honestidad no suelen sentirla por los progresos de los demás).

Y no te olvides de celebrar también tu cumpleaños. Cumplir años y poder celebrarlo con los tuyos es ya un logro en sí mismo y merece conmemorarlo y recordarlo.

¿Cómo celebrar un logro?

Abraham Joshua Heschel, un importante teólogo judío, decía que hoy en día la gente ha olvidado el sentido originario de la celebración. Ante un logro, nos compensamos enseguida con algo material o placentero; cuando celebrar, decía él, debería ser un acto consciente de reflexión sobre lo que ha hecho posible ese logro y de gratitud hacia la vida. En sus palabras: «La celebración es una toma de conciencia, es prestar atención al significado trascendental de nuestras acciones».

Dicho esto, en mi opinión también es importante regalarnos algo real. Estoy de acuerdo en moderar las compras y el entretenimiento vacío, pero no pasa nada por pasarlo bien o darnos caprichos de vez en cuando tras conseguir un reto del que estamos orgullosos.

Mi consejo: ser conscientes de por qué nos regalamos algo y tratar de que ese algo se traduzca en momentos de felicidad. Si nos compramos una chaqueta nueva, el regalo no es la chaqueta, es sentirnos bien cada vez que nos la ponemos porque recordamos el esfuerzo que hicimos para conseguir ese logro.

Si no puedo comprar siempre, ¿qué me regalo?

Cualquier cosa que nos aporte un rato de sana felicidad: un encuentro familiar distinto (hay vida más allá de las comidas familiares que terminan hablando de fútbol o política), una experiencia nueva, una cena en un restaurante exótico, entradas para un concierto, un servicio que nos aporte bienestar, un retiro para un descanso consciente, un artículo relacionado con nuestros hobbies, una suma de dinero destinada a un viaje... Lo importante es recordar por qué nos hemos ganado ese premio.

Ah, y recuerda: si alguien te pregunta, no dudes en decir la verdad: «Ah, es porque me prometí que me lo compraría si lograba cierto reto... ¡Y lo logré!». No se trata de dar envidia, se trata de no empequeñecer nuestras hazañas.

Resumen:

– Solo hay una respuesta correcta a un halago, y es el agradecimiento.

– Cuando quitamos importancia a un cumplido, lo que estamos diciendo es: «Estás equivocado», «No quiero tu opinión» o «Yo no merezco halagos».

– Celebrar un logro afianza nuestra confianza en nosotros mismos.

– Hay que celebrar los logros, por pequeños que sean. Y también los aniversarios de todo aquello que es importante en nuestra vida.

Ejercicio del día:

<u>PORQUE YO LO VALGO</u>

1. Este famoso eslogan de L'Oréal me sirve para introducir el penúltimo ejercicio de nuestro *bootcamp*. Lo vamos a dedicar a celebrar un logro tuyo.

2. Piensa en una recompensa o un regalo que te gustaría hacerte. Luego, piensa qué esfuerzo o logro tuyo merecería ser reconocido con ese regalo.

3. Toma el compromiso de regalarte eso si logras el objetivo propuesto (solo si lo logras o si crees que te has esforzado al máximo). Una vez lo hagas, estate atento a cómo te hacer sentir. Si haces este ejercicio a menudo, te sentirás mucho más orgulloso de ti mismo y motivado para hacer mayores cambios cada vez con menos esfuerzo.

DÍA 30

Fracasar es no intentarlo

Y hemos llegado al último día de nuestro *bootcamp*. Y lo vamos a dedicar al fracaso.

A menudo, se identifica error con fracaso y fracaso con la imposibilidad de sentirnos bien con nosotros mismos.

Pero no es lo mismo cometer errores que fracasar. Ya hemos dicho que lo primero es inevitable. Lo segundo es esa derrota de la que ya no te levantas. Afortunadamente, cuando mis pacientes se lamentan de un fracaso, muchas veces lo que han cometido es un error. Tal vez un error grave, pero no insuperable.

El único fracaso es no intentarlo.

¿Intentar qué?

Intentar las cosas que nos llevan a ser mejores y más felices.

Debes creer en ti. Ten la confianza en ti que tenías a los dos años: ni siquiera comprendías cómo funcionaba tu mano, pero lo intentabas. No pensabas: «vaya, nunca he agarrado este objeto antes. Mejor no lo intento».

¿No aprendiste a caminar cuando apenas tenías 15 meses? ¿No aprobaste los exámenes? ¿No conseguiste hacer grandes amigos? Has logrado un montón de cosas en esta vida. Y vas a lograr muchas más. Si te cuesta creer en ti, muéstrate todas las pruebas que llevas acumuladas desde que naciste.

No podemos garantizarnos que nunca fracasaremos en algo. Pero fracasar en algo no es lo mismo que ser un fracasado. Además, podemos anticiparnos a las caídas, planificar las cosas, no actuar a ciegas o por impulsividad.

Nada es seguro al 100%, por ello desde la psicología animamos a pasar a la acción una vez tengamos el 75% de probabilidades de éxito. Ese 75% es suficiente y justifica el intento: de esa forma, evitamos que la necesidad de estar completamente seguros (algo imposible) se convierta en la excusa eterna para no hacer nada.

Deja la perfección para los dioses

La otra cara de la moneda del fracaso es el perfeccionismo. Porque, cuando nos obsesionamos con la perfección, cualquier acción cuyo resultado no sea perfecto, se percibe como fracaso.

Dicho así, parece muy fácil entender que, si desterramos el perfeccionismo de nuestras vidas, también desterraremos el concepto de fracaso.

Pero no es tan sencillo. Vamos a verlo con algunos ejemplos prácticos:

¿Tu casa debería estar mejor? ¿Tal vez más limpia, más ordenada, o con un mejor mantenimiento? Y la compañía para la que trabajas, ¿podría funcionar mejor? ¿Tu dieta debería mejorar? ¿Y la gente de tu ciudad? Todo el mundo debería conducir mejor, eso para empezar. Y las calles tendrían que estar más limpias...

Todo debería ser mucho mejor, pero... no somos dioses. Y esto lo dice alguien (yo) que está dedicando su vida a hacer mejores a las personas. Sin embargo, me centro en reforzar lo positivo en vez de abrumarme a diario por todo lo que está mal.

Para la mayoría de las religiones, somos copias imperfectas de los dioses. ¿Cómo pretenden entonces que alcancemos la perfección? ¡No podemos! Pero tampoco hace falta. ¿Sabes por qué? Porque incluso siendo imperfectos somos capaces de hacer cosas fabulosas. Tú mismo has hecho muchas cosas excelentes a lo largo de tu vida: una tortilla, un trabajo, un examen, una presentación, una sesión de entrenamiento, un evento... ¡Con lo imperfecto que eres!

Si fueras perfecto, hacer cosas perfectas no tendría mérito: es fácil. El mérito aquí es ser imperfecto y, aun así, hacer cosas excelentes: ¡eso sí es meter un gol a los dioses!

Olvida la perfección y céntrate en la excelencia. Son cosas parecidas, pero no iguales: mientras la búsqueda de la perfección impide disfrutar de lo que ya hacemos bien (otra vez la zanahoria delante del burro), la excelencia te invita a crecer mientras gozas de cada logro alcanzado.

Tras la excelencia hay la decisión de trabajar voluntariamente para llegar a una meta que nos haga felices. Tras el perfeccionismo hay autocastigo y miedo al fracaso.

Comprométete con la excelencia y trata de tomar las mejores decisiones a cada paso que das. Con eso es suficiente.

«Confía en ti. Sabes más de lo que crees que sabes.»

— Benjamin Spock

Resumen:

- El único fracaso es no intentarlo.

- Al final de nuestra vida, solo nos arrepentiremos de dos cosas: lo que no nos atrevimos a intentar y los errores de los que no quisimos aprender.

- Si fueras perfecto, hacer cosas perfectas no tendría mérito.

- La perfección es para los dioses, la excelencia es para los que vivimos en la Tierra.

Ejercicio del día:

<u>¡ARRIESGA! ¡AMA! ¡VIVE!</u>

1. Te invito a que cierres los ojos e imagines que estás en tu lecho de muerte, rodeado de tus seres queridos. Piensa en todas las cosas que anhelaste hacer a lo largo de tu vida y nunca te atreviste a intentar por miedo al fracaso: ¿qué lugares nunca llegaste a visitar?, ¿qué personas perdiste la ocasión de conocer?, ¿qué oportunidades dejaste pasar?...

2. Siente el peso de la frustración y el arrepentimiento en tu pecho de saber que ya nunca tendrás la oportunidad de hacerlo. Lo que darías por tener otra oportunidad para cambiar las cosas, para volver atrás, para intentar todo aquello que soñaste hacer, decir, experimentar...

3. Abre los ojos. Respira. Todavía estás vivo, Todavía no es tarde. Estás a tiempo de hacer todo aquello que siempre soñaste. No permitas que el

miedo al fracaso se interponga en tu camino. Enfrenta tus miedos, arriesga y vive la vida que realmente quieres vivir.

Quiérete hoy y siempre

¡Y aquí estás!

¿Cómo ha ido? ¿Cómo te sientes?

Espero que hayas disfrutado la lectura y espero, sobre todo, que te haya resultado útil.

Al inicio de este libro te invité a quererte sin condiciones. Pero eso es fácil de decir y difícil de llevar a la práctica si no sabes cómo. Por eso me comprometí contigo a enseñarte cómo hacerlo. A llevarte de la mano. Supongo que algunas de las enseñanzas te habrán servido, otras no tanto, algunas te habrán resultado chocantes, otras reveladoras. Y lo mismo con los ejercicios.

A partir de aquí, te toca ti. A mí no me queda más que felicitarte: ¡ENHORABUENA!

Sé que eres una persona con un enorme potencial. Sé que eres sensible, que no te conformas con vivir sin amor, aunque no lo expreses con estas palabras.

Mucha gente habla de autoestima, de amarnos a nosotros mismos, de empatía y de educación en el respeto. Empieza a ser hora de hablar menos y hacer más. Tú ya lo estás haciendo. ¡Ojalá hubiese más gente como tú!

Quiérete. Recuerda todos los motivos que has aprendido sobre lo injusto que es no hacerlo. No vivas sin tu amor, no te lo retires: serás más fuerte con él, serás más feliz.

Quiérete y serás la persona que deseas ser. No intentes lo contrario, no esperes a «estar bien» para quererte: ¡la cosa funciona al revés!

Me despido ya, pero antes te pido una última cosa: que tu amor por ti mismo sea una fuente de inspiración para otros. Que olviden la felicidad del éxito y se centren en la felicidad del amor.

¡Quiérete mucho!

Daniel

Tu opinión es muy importante

Como autor independiente que soy, tu opinión es muy importante para mí y para futuros lectores como tú. Te estaría enormemente agradecido si me dejases **un comentario** en tu plataforma favorita diciéndome qué te ha parecido mi libro **para así poder seguir mejorándolo**:

- ¿Qué es lo que más te ha gustado?
- ¿Hay algo que hayas echado en falta?
- ¿A quién se lo recomendarías?
- ...

www.danieljmartin.es/review/qm

¡Un regalo solo para ti!

¿Te gustaría leer **mi próximo libro completamente GRATIS**? ¡Escanea el código que aparece debajo y **apúntate a mi club de lectores**!

Te esperan grandes sorpresas: sé el primero en leer mis nuevos lanzamientos, escucha mis audiolibros de forma gratuita, consigue copias firmadas y dedicadas... ¡y mucho más!

www.danieljmartin.es/clubdelectores/

Otros libros de Daniel J. Martin

http://www.danieljmartin.es/wide/books